¡Empecemos a charlar!

Readings, Photographs, and Activities to Stimulate Conversation in Spanish

Elizabeth Millán

NTC NATIONAL TEXTBOOK COMPANY • Lincolnwood, Illinois U.S.A.

6 7 8 9 0 ML 9 8 7 6 5 4 3 2 1

Indice

Introduction

¡Empecemos a charlar! enables beginning and intermediate students of Spanish to make active use of their growing knowledge of the language. It does this by encouraging students to *speak* Spanish, which, after all, is the goal of any modern foreign-language class.

Each chapter of this book features one or more photographs depicting some aspect of life in a Spanish-speaking country: from snorkeling on a beach in Puerto Rico, to visiting primitive tribes off the coast of Panama, to a look back at Spanish history on trips to Granada's Alhambra and Segovia's centuries-old aqueduct. Chapter photographs are accompanied by a short, informative reading passage that discusses the cultural significance of what is depicted visually. Questions (*Preguntas*) follow the reading. Many of the questions are directly related to the reading and photograph, while others encourage students to respond according to their own experiences and opinions. The two general questions in the next section, *Temas para discutir,* should stimulate lively interchanges in Spanish. The last section, ... *Y ahora, ¡hablen ustedes!,* invites students to role-play. With some preparation and a bit of rehearsal (more advanced students may do this spontaneously), students will have a chance to act in the roles of vacationers, entrepreneurs, tour guides, artisans, even sailors on the historic voyage that brought Spain's language and culture to the New World.

¡Empecemos a charlar! has been designed to encourage the *active* use of Spanish at an early stage in students' language studies. As it helps them develop their speaking skills, this book also provides students with a foundation of cultural information about countries throughout the entire Spanish-speaking world.

To facilitate speaking and writing, sideglosses in each chapter explain the difficult words and expressions used in the readings. The sideglosses are intended to eliminate the constant "looking up" of words that can frustrate and discourage students early in their studies. As a further aid, a general Spanish-English Vocabulary is provided at the back of the book.

The readings, photographs, and activities in this book will spark lively conversations in Spanish, as well as an interest in the diverse, far-flung cultures of the Hispanic world. It helps provide the element of *motivation,* so important in encouraging long-term interest in the Spanish language and in Hispanic culture.

... Y ahora, ¡empecemos a charlar!

1. ¿Quién habla español?

Hay casi 235 millones de hispanoparlantes° en el mundo. El español es el idioma oficial de España, de 18 países de Hispanoamérica y (junto con el inglés) de Puerto Rico. En los Estados Unidos hay más de 16 millones de ciudadanos cuyo primer idioma es el español. No te debe sorprender, entonces, que sea un idioma práctico e importante de estudiar.

Cuando estudias un idioma nuevo es necesario no sólo saber leerlo y escribirlo, sino también hablarlo. La conversación lo hace vivir. Los niños que ves en esta plaza mexicana, los universitarios españoles que tocan la guitarra y cantan, la anciana que habla con un vecino joven en Puerto Rico y las dos amigas sudamericanas que se saludan° por la calle tienen algo en común: todos se comunican en español.

Con el tiempo y la práctica, también vas a poder hablar español. Si ahora no puedes practicarlo en un país de habla española, ¡lo vas a hacer aquí! Hablarás entre tus amigos, en tu clase.

hispanoparlantes Spanish-speaking people

se saludan greet each other

Preguntas

1. ¿Cuánta gente habla español en el mundo?
2. ¿Cómo se llaman los que hablan español?
3. ¿De qué países es el español el idioma oficial?
4. En los Estados Unidos, ¿cuántos hablan español como su primer idioma?
5. ¿Qué hay que hacer cuando estudias un idioma?
6. ¿Por qué estudias español?
7. ¿Qué piensas hacer con tus conocimientos de español?
8. ¿Quieres vivir en algún país de habla española? ¿Cuál?
9. ¿Por qué es importante el español?
10. ¿Qué tienen en común las personas en las fotos?
11. ¿Qué tienen en común contigo?
12. ¿Qué necesitas para poder hablar español?
13. ¿Con quién vas a practicar el español?

Temas para discutir

1. ¿A qué edad piensan ustedes que los niños deben empezar a estudiar idiomas? ¿Por qué?

2. ¿Creen que antes de poder recibir un diploma de una escuela secundaria, los alumnos debían haber estudiado algún idioma extranjero? Expliquen sus opiniones.

...Y ahora, ¡hablen ustedes!

Alguien quiere prohibir los estudios de los idiomas extranjeros en su escuela. Ustedes tienen que convencerle que tales estudios son importantísimos, y que no deben ser prohibidos.

Plaza de Colón, San Juan, Puerto Rico. Esta estatua en la capital de Puerto Rico rinde homenaje al descubridor de las Américas, Cristóbal Colón.

2. Plaza de Colón

En su segundo viaje al Nuevo Mundo, Cristóbal Colón desembarcó° en esta isla el 19 de septiembre de 1493. Por esa época° Puerto Rico se llamaba Borinquen y estaba habitada° por los indios taíno.

Esta plaza fue renombrada° en honor de Colón en el 400 aniversario del descubrimiento de Puerto Rico. Anteriormente° la plaza estaba dedicada a Santiago.° Las tablas de bronce° en el pedestal de la estatua describen ciertos° acontecimientos° en la vida del descubridor de las Américas.

desembarcó landed
época period, time
renombrada renamed
anteriormente previously
Santiago St. James
tablas de bronce bronze tablets
ciertos certain
acontecimientos events

Preguntas

1. ¿Cuál es la capital de Puerto Rico?
2. ¿A quién rinde homenaje esta estatua?
3. ¿Quién era Cristóbal Colón?
4. ¿Cuándo desembarcó Colón en la isla?
5. ¿Cuándo llegó Colón a las Américas por primera vez?
6. Antes de llamarse Puerto Rico, ¿cómo se llamaba la isla?
7. ¿Quiénes habitaban la isla al llegar Colón?

8. ¿En qué año fue renombrada esta plaza?
9. Antes del año 1893, ¿cómo se llamaba la plaza?
10. ¿Qué hay en el pedestal de la estatua?
11. ¿Qué describen las tablas de bronce?
12. ¿Es alta la estatua?
13. ¿Ves edificios cerca de la estatua?
14. ¿Por qué hay estatuas de Colón en las Américas?
15. ¿Hay alguna estatua de Colón en nuestra ciudad?
16. ¿Hay alguna estatua cerca de nuestra escuela? ¿De qué es?
17. ¿Conoces Puerto Rico?
18. ¿Te gustaría viajar a Puerto Rico?
19. ¿Está muy lejos Puerto Rico de aquí?
20. ¿Cómo se puede llegar a la isla?
21. ¿Cómo te gustaría llegar a la isla?
22. ¿Cómo llegó Colón?
23. ¿Te gustaría hacer un viaje largo en barco?
24. ¿Cómo prefieres viajar?

Temas para discutir

1. ¿Qué importancia tenía el descubrimiento del Nuevo Mundo para España? ¿para el mundo?

2. ¿Quiénes son los descubridores actuales? ¿Hay lugares en el mundo que necesitan ser "descubiertos?" ¿Hay lugares en el espacio que se pueden descubrir y explorar?

...Y ahora, ¡hablen ustedes!

Imagínense que son marineros° de una de las tres carabelas° de Colón. Ya llevan más de cuatro semanas en el mar. Ha sido el viaje más largo sin ver tierra que jamás se ha hecho. ¿Qué piensan Uds.? ¿Tienen miedo? ¿Echan de menos a las familias que han dejado en España? ¿Piensan que nunca volverán a sus casas? ¿Tienen confianza° en el capitán?

marineros sailors
carabelas caravels, old ships
confianza confidence

Paseando por Las Ramblas; Barcelona, España.

3. Las Ramblas

Entre las calles más animadas° de España están Las Ramblas de Barcelona. "Ramblas" significa avenidas. Barcelona está en el este del país, por la costa del Mediterráneo. Forma parte de la región llamada Cataluña° donde se habla catalán° además de español. Barcelona es una ciudad de unos tres millones. Es el centro comercial e industrial más importante de España. Los textiles son los productos de exportación más importantes de la ciudad. Su puerto es uno de los mejores del país.

Aunque el catalán es muy trabajador, siempre encuentra tiempo para uno de los pasatiempos favoritos de todos los españoles: el paseo. Las Ramblas son unas calles ideales por las cuales puedes pasear. No son muy largas—cada una tiene sólo media milla (ni un kilómetro) de largo. Hay filas° de árboles por ambos lados, y la parte del centro está reservada para peatones.° Es un lugar bonito para encontrarse con los amigos y, por la tarde, tomar la merienda° o las tapas° antes de cenar en una de las muchas cafeterías que hay.

Algunas de Las Ramblas llevan nombres populares, aparte de° sus nombres oficiales. La Rambla de San José se conoce como La Rambla de las Flores porque hay muchísimos puestos de flores por allí.° La Rambla de los

animadas lively

Cataluña Catalonia

catalán Catalan; the people and language of Catalonia

filas rows

peatones pedestrians

merienda afternoon snack

tapas appetizers

aparte de apart from; as well as

por allí there, around there

Estudios tiene un mercado al aire libre todos los días, donde se pueden comprar gatitos, cachorros,° tortugas,° conejos° o peces. También se encuentran varios negocios, hoteles, restaurantes y pensiones por Las Ramblas.

Bajando por Las Ramblas hacia el puerto de Barcelona, pasas por la Plaza de Colón. Según la historia, fue aquí donde Cristóbal Colón por primera vez contó a los Reyes Católicos, Isabel y Fernando, el descubrimiento del Nuevo Mundo.

cachorros puppies
tortugas turtles
conejos rabbits

Preguntas

1. ¿Cuáles son unas de las calles más animadas de España?
2. ¿En qué ciudad están?
3. ¿Qué mar está al lado de Barcelona?
4. ¿En qué región del país está Barcelona?
5. ¿Qué idiomas se hablan en Cataluña?
6. ¿Cuántos habitantes tiene Barcelona?
7. ¿Qué posición tiene Barcelona en el comercio y la industria de España?
8. ¿Cuál es el producto de exportación más importante de Barcelona?
9. ¿Cómo es su puerto?
10. ¿Es muy trabajador el catalán?
11. ¿Cuál es uno de los pasatiempos favoritos de todos los españoles?
12. ¿Te gusta dar paseos? ¿Qué haces en los paseos?
13. ¿Por qué son ideales Las Ramblas para los paseos?
14. ¿Son largas Las Ramblas?
15. ¿Qué es la merienda?
16. ¿Tenemos en este país la costumbre de tomar la merienda?
17. ¿Dónde puedes encontrarte con los amigos en Barcelona?
18. ¿Cuál es el otro nombre de La Rambla de San José?
19. ¿Qué hay por esta parte de Las Ramblas?
20. ¿Qué hay por la Rambla de los Estudios?
21. ¿Qué puedes comprar en este mercado?
22. ¿Qué más hay por Las Ramblas?
23. ¿Cómo se llama la plaza que está cerca del puerto?
24. ¿Qué les contó Colón a los Reyes Católicos?

Temas para discutir

1. ¿Qué tal les parece la costumbre del paseo español? ¿Conocen lugares en esta ciudad donde se puede pasear como lo hacen los españoles? ¿Dónde están? ¿Qué hay para ver y hacer en esos lugares?

2. La merienda es otra costumbre española. Se sirve a las 6:00 de la tarde. Como saben, la comida se sirve tarde—por las 2:30 de la tarde, y la cena se sirve entre las 9:30 y las 10:00 de la noche. ¿Les parece sano y práctico este horario? ¿Prefieren nuestro horario de comidas o el de los españoles? ¿Por qué?

...Y ahora, ¡hablen ustedes!

Unos residentes de una ciudad grande quieren prohibir el tráfico en ciertas zonas de la ciudad para que los peatones tengan un lugar tranquilo por donde pasear. Otros se oponen a esta idea. ¿Qué grupo va a imponer sus ideas?

Los jardines de Xochimilco en la capital de México.

4. Xochimilco

Tanto a los mexicanos como a los extranjeros° les encanta pasar un domingo en Xochimilco. Aquí, las góndolas llevan a la gente de paseo por los canales° rodeados de álamos°. Hace más de cuatrocientos años los indios aztecas crearon° estos jardines. En esa época había un sólo lago en el lugar. Los aztecas hicieron diques° con barro° y ramitas entrelazadas° dentro del lago, y sembraron flores y vegetales.

Hoy día las góndolas van bien decoradas y todas llevan su nombre delante. Hay también vendedores que van en balsas,° ofreciendo comida o recuerdos.° ¡La gente que va en las góndolas puede disfrutar del paisaje, comer y comprarles algo a los vendedores al mismo tiempo!

extranjeros foreigners
canales canals
álamos poplar trees
crearon created
diques dikes
barro mud
ramitas entrelazadas interwoven twigs
balsas rafts
recuerdos souvenirs

Preguntas

1. ¿Dónde está Xochimilco?
2. ¿A quiénes les encanta pasar un día en Xochimilco?
3. ¿Quiénes hicieron los jardines?
4. ¿Cuándo los hicieron?

5. ¿Cómo los hicieron?
6. ¿Qué sembraron en los jardines?
7. ¿Has sembrado un jardín alguna vez?
8. ¿Qué has sembrado en tu jardín?
9. ¿Qué son góndolas?
10. ¿Cómo son las góndolas de Xochimilco?
11. ¿Quiénes van en las balsas?
12. ¿Qué venden?
13. ¿Guardas recuerdos de tus viajes? ¿Por qué?
14. ¿De qué puede disfrutar la gente que va en las góndolas?
15. ¿Quién ha estado en una góndola? ¿en una balsa?
16. ¿Cómo se llaman las góndolas de la foto?
17. ¿Qué rodea el canal?
18. ¿Son altos o bajos los álamos?
19. ¿En cuál de las dos góndolas hay más gente?
20. ¿Tienen motor las góndolas?
21. ¿Ves muchas góndolas en el canal?
22. ¿Te gustaría visitar Xochimilco? ¿Por qué?
23. ¿Qué hay en la parte más alta de la góndola de la derecha?
24. ¿Te gustaría ser "capitán" de una góndola? ¿Por qué?

Temas para discutir

1. ¿Por qué es tan agradable pasar una tarde en Xochimilco?
2. Expliquen qué hacen ustedes en un domingo típico. ¿Lo pasan con su familia? ¿con sus amigos? ¿Juegan? ¿Estudian?

...Y ahora, ¡hablen ustedes!

Ustedes son miembros de una familia, que ha venido de vacaciones a México. Quieren pasar una tarde en Xochimilco. ¿Qué van a hacer? ¿Cómo van a llegar a los jardines? ¿Van a alquilar una góndola? ¿Van a comer a bordo? ¿Qué van a hacer luego?

Parque del Retiro. Madrid, España.

5. El Retiro

El parque del Retiro está en el corazón de Madrid. Es un oasis dentro de la ciudad. Hay varios restaurantes, un par de salas de fiestas° y sitios donde pueden jugar los niños y donde puedes dar paseos. Durante la primavera y el verano, hay conciertos de bandas. Éstos se oyen los domingos por la mañana.

También hay unos lagos. Los dos más pequeños sólo sirven de casa a patos y cisnes.° Se alquilan barcos de remo° en el lago más grande, y por poco dinero lo puedes pasar muy bien.° Las familias, los amigos y los novios° reman delante de esta estatua de Alfonso XII, el bisabuelo° del rey actual° de España, Juan Carlos I.

salas de fiestas nightclubs
cisnes swans
barcos de remo row boats
lo puedes pasar muy bien you can have a very good time
los novios couples
bisabuelo great-grandfather
actual present

Preguntas

1. ¿En qué ciudad está el parque del Retiro?
2. ¿Está lejos del centro o en el corazón de Madrid?
3. ¿Hay restaurantes en el parque?

4. ¿Cuántas salas de fiestas hay?
5. ¿Qué lugares hay para niños?
6. ¿Puedes dar paseos por el Retiro?
7. ¿Durante qué meses hay conciertos?
8. ¿Hay conciertos todos los días?
9. ¿En que día hay conciertos?
10. ¿Cuántos lagos hay en el Retiro?
11. ¿Para qué sirven los dos lagos más pequeños?
12. ¿Qué puedes hacer en el lago más grande?
13. ¿Es caro alquilar un barco?
14. ¿Quiénes lo pasan bien remando?
15. ¿Qué más se puede hacer en el Retiro?
16. ¿De quién es la estatua en la foto?
17. ¿De quién es el bisabuelo Alfonso XII?
18. ¿Sobre qué va montado Alfonso XII?
19. ¿Sabes remar?
20. ¿Qué prefieres hacer en un parque: escuchar música or dar un paseo?
21. ¿Conoces un lugar cerca de tu casa donde puedes remar? ¿Dónde está?
22. Según la foto, ¿hace frío o calor?
23. ¿Cómo sabes que hace calor?
24. Según la foto, ¿qué será la estación del año?

Temas para discutir

1. ¿Es importante tener un día de descanso durante la semana? ¿Por qué?
2. ¿Debemos tener parques y zonas verdes en la ciudad? ¿Por qué?

...Y ahora, ¡hablen ustedes!

Ustedes están con unos amigos en el parque del Retiro. Algunos son extranjeros y otros son madrileños. ¿Cómo van a pasar el día?

Una tienda de modas en Madrid.

6. La tienda de modas°

tienda de modas clothi store

En general, a los españoles les gusta vestirse bien. Aunque los jóvenes se visten con lo que está muy de moda,° los adultos suelen ser° más conservadores.° Hay muchas tiendas de modas para niños, jovencitos, señoras o caballeros. La mayoría son pequeñas y se llaman "boutiques." También hay unos grandes almacenes donde puedes comprar ropa y todo lo que te hace falta° para la casa. Todavía hay tiendas especializadas° donde sólo se venden camisas, bolsos,° guantes° o sombreros.

Algunas tiendas venden telas para que los clientes° puedan mandar a hacer° la ropa a la medida.° A veces las tiendas tienen su propio sastre° o modista.° Otras veces debes llevar la tela a una sastrería.° El sastre te toma las medidas° y después de unos días tienes una falda, un traje, un vestido o incluso° un abrigo que te sirve° perfectamente.

lo que está de moda what's "in"
suelen ser are usually
conservadores conservative
te hace falta you need
especializadas specialized
bolsos purses
guantes gloves
clientes customers
mandar a hacer to order
a la medida custom-made
sastre tailor
modista dress designer
sastrería tailor shop
te toma las medidas takes your measurements
incluso even
sirve fits

Preguntas

1. ¿A los españoles les gusta vestirse bien?
2. ¿Quiénes se visten con lo que está de moda?

3. ¿Son conservadores los otros españoles?
4. ¿Cómo se llaman las pequeñas tiendas de modas?
5. ¿Qué puedes comprar en los grandes almacenes?
6. ¿Qué puedes comprar en las tiendas especializadas?
7. ¿Por qué venden telas algunas tiendas?
8. ¿Quién te puede hacer la ropa a la medida?
9. ¿Adónde puedes llevar la tela para que te hagan la ropa?
10. ¿Qué ropa puedes hacerte a la medida?
11. ¿Qué está examinando el señor de la foto?
12. ¿Es una tienda para señoras o para caballeros?
13. ¿Qué ropa ves en esta tienda?
14. ¿Está la tienda en un piso alto o bajo?
15. ¿Te gusta ir de compras?
16. ¿Quién te compra la ropa?
17. ¿Te gusta vestirte bien?
18. ¿Qué ropa prefieres llevar?
19. ¿Gastas más dinero en ropa o en comida?
20. ¿Quién te lava la ropa?
21. ¿Quién te la plancha?
22. ¿Compras mucha ropa?
23. ¿Usas la ropa de tus hermanos? ¿de tus amigos/amigas?
24. ¿Te gustaría trabajar en una "boutique"?

Temas para discutir

1. ¿Les gustaría vivir en un mundo donde todos se vistieran igual? ¿Por qué?
2. ¿Piensan que es importante estar bien vestido? ¿Por qué?

...Y ahora, ¡hablen ustedes!

Están en una tienda de modas. ¿Qué van a comprar? ¿Cuánto dinero van a gastar? ¿Van a pagar con dinero (al contado) o con una tarjeta de crédito? ¿Es para ustedes la ropa o es un regalo? Unos alumnos pueden ser los clientes, y otro puede ser el dependiente.

Sombreros de jipijapa.

7. Sombreros

Habrás visto° estos sombreros de paja° muchas veces. Aunque se llaman en inglés "Panama hats," son los famosos sombreros de jipijapa del Ecuador. Se conocen por "sombreros de Panamá" porque en el siglo pasado el Ecuador mandaba estos sombreros a Panamá, de donde se exportaban. El pueblo ecuatoriano de Jipijapa es un centro de fabricación° de estos sombreros. Todavía muchos se hacen a mano. Figuran entre los productos de exportación más importantes del país, aunque ya también se exportan petróleo, plátanos y café.

El Ecuador toma su nombre de la línea imaginaria que lo atraviesa° y que atraviesa el mundo entero. Ésta tambien se llama ecuador.° La mayor parte del país pertenecía al imperio de los incas. Hoy día, más del 80 por ciento de la población es de raza india o mestiza. Los mestizos son personas que cuentan entre sus antepasados° indios y europeos. Los indios viven en las altas aldeas° de los Andes. Allí, muchos se dedican a cultivar la tierra o a ser pastores.° Otros se dedican a la artesanía° y hacen cerámicas o tejen mantas.°

habrás visto you have probably seen
paja straw
centro de fabricación manufacturing center
atraviesa cuts across
ecuador equator
antepasados ancestors
aldeas villages
pastores shepherds
artesanía craftsmanship
tejen mantas weave wool blankets

Para transportar estos productos de una aldea a otra, o al mercado, los indios dependen de° la llama. Las llamas pueden cargar pesos de hasta cien libras (unos 45 kilos) y caminar unas 20 millas (32 kilómetros) por las montañas al día. Sin embargo, son conocidas por su temperamento difícil. Se dice que las llamas se niegan a moverse si creen que su carga° pesa demasiado.

dependen de depend on

carga load

Preguntas

1. ¿De qué país son los sombreros de jipijapa?
2. ¿De qué son?
3. ¿Cómo se llaman en inglés?
4. ¿Por qué se llaman así?
5. ¿Cómo se llama el pueblo que es un centro de fabricación de estos sombreros?
6. ¿Todavía se exportan del Ecuador?
7. ¿Qué otros productos se exportan?
8. ¿De qué toma su nombre el Ecuador?
9. ¿Qué es el ecuador?
10. ¿Has estado al sur del ecuador? ¿Dónde estuviste?
11. ¿Qué país formaba parte del imperio de los incas?
12. ¿Puedes nombrar otro país que formaba parte de este imperio?
13. ¿Qué porcentaje de la población del Ecuador es indio o mestizo?
14. ¿Quiénes son los mestizos?
15. ¿De dónde eran tus antepasados?
16. ¿Dónde prefieren vivir los indios del Ecuador?
17. ¿Dónde prefieres vivir tú?
18. ¿A qué se dedican los indios del Ecuador?
19. ¿Qué usan para transportar sus productos?
20. ¿Qué se usa en nuestra ciudad para transportar los productos?
21. ¿Adónde llevan sus productos los indios?
22. ¿Cuánto puede cargar una llama?
23. Al día, ¿cuánto puede caminar una llama?
24. Si una llama cree que su carga pesa demasiado, ¿qué hace?

Temas para discutir

1. ¿Por qué se usan las llamas en los Andes? ¿Sería práctico usarlas en las grandes ciudades? ¿Por qué?
2. ¿Por qué creen ustedes que los indios prefieren vivir en las tierras altas de los Andes en vez de vivir en las ciudades?

...Y ahora, ¡hablen ustedes!

¡Ustedes van a hacer un viaje por los Andes del Ecuador! Primero, tienen que conseguir un guía y unas llamas para transportar su equipaje. Segundo, hablarán con el guía sobre donde van a ir y cuanto les va a cobrar.

Practicando el buceo en la isla de Icacos, Puerto Rico.

8. El buceo°

buceo snorkeling

Puerto Rico es un lugar° ideal para practicar los deportes acuáticos.° Como está entre el Atlántico y el Caribe, Puerto Rico tiene muchísimas playas—tanto atestadas° como solitarias°—y dos mares por donde se puede pescar y navegar. Además, las aguas cristalinas° del Caribe son ideales para el buceo. Puedes observar así una gran variedad de vida submarina y, si llevas tu máquina° especial, puedes sacar fotos interesantísimas del coral y de los peces° multicolores.

Los puertorriqueños y los miles de turistas que visitan la isla pueden disfrutar° de largos paseos por las playas, el esquí acuático, la pesca, la navegación en barco y el buceo. Como el clima de Puerto Rico es tropical—la temperatura media° es de 75° F (24° C)—se puede practicar estos deportes todo el año. Se practican además muchos otros deportes en el país. El golf y el tenis son muy populares, así como lo es el béisbol. Hay muchos sitios donde puedes montar a caballo, ¡incluso puedes montar por la playa!

Si te gustan las playas solitarias, puedes alquilar un yate, que es un barco de vela° grande, e irte a uno de los muchos rincones escondidos° que hay. Allí, puedes nadar, bucear y quizá pescar la comida de aquella tarde.

lugar place
acuáticos water
atestadas crowded
solitarias secluded
cristalinas crystal clear, transparent
máquina (*here*) camera
peces fish (plural of *pez*)
disfrutar enjoy
media average
vela sail
escondidos hidden

Preguntas

1. ¿Entre qué mares está Puerto Rico?
2. ¿Qué clase de playas tiene Puerto Rico?
3. ¿Para qué sirven las aguas cristalinas del Caribe?
4. ¿Qué puedes observar mientras buceas?
5. ¿Sabes bucear? ¿Te gustaría aprender?
6. ¿Puedes sacar fotos de la vida submarina?
7. ¿Qué necesitas llevar para sacar fotos de la vida submarina?
8. ¿De qué disfrutan los puertorriqueños y los turistas?
9. ¿Te gusta dar paseos por las playas?
10. ¿Cómo es el clima de Puerto Rico?
11. ¿Cómo es el clima de aquí?
12. ¿Qué es la temperatura media de la isla?
13. ¿Qué prefieres, las temperaturas altas o bajas? ¿Por qué?
14. Además de los deportes acuáticos, ¿qué otros deportes puedes practicar en Puerto Rico?
15. ¿Qué deportes practicas?
16. ¿Cuál es tu deporte favorito?
17. ¿Te gustan más los deportes de verano o los de invierno?
18. ¿Por dónde puedes montar a caballo en Puerto Rico?
19. ¿Has montado a caballo en la playa alguna vez? ¿Dónde?
20. ¿Qué es un yate?
21. ¿Te gustaría navegar en yate? ¿Por qué?
22. En Puerto Rico, ¿adónde puedes ir en yate?
23. ¿Por qué es ideal Puerto Rico para practicar los deportes acuáticos?
24. Si estuvieras de vacaciones en Puerto Rico, ¿qué harías?

Temas para discutir

1. Hablen de los deportes acuáticos que les gusta practicar o los que les gustaría aprender.

2. ¿Prefieren vivir en un lugar que tenga cuatro estaciones al año o uno donde haga calor todo el año? ¿Por qué?

...Y ahora, ¡hablen ustedes!

Algunos de ustedes son puertorriqueños que han llegado a nuestra ciudad para fomentar° el turismo de la isla. ¿Qué van a decir para que la gente se interese en un viaje a Puerto Rico? Otros alumnos pueden ser los interesados en pasar sus vacaciones en Puerto Rico. ¿Qué preguntas les harían a los puertorriqueños?

fomentar promote

Esquiando en Lérida, España.

9. El esquí

España es uno de los países más montañosos° de Europa. Por lo tanto es lógico que tenga muchos sitios donde se puede practicar el esquí. Aunque hace mucho sol en España, el país disfruta de las cuatro estaciones del año en casi todas las regiones. Lérida, por ejemplo, está cerca de los Pirineos,° donde hay nieve todo el año. Los Pirineos están en el nordeste del país y hacen frontera con° Francia.

Aunque en Madrid no nieva mucho, puedes esquiar o jugar en la nieve de la Sierra de Guadarrama, a poca distancia de la ciudad. Al sur, en la Sierra Nevada de Granada, puedes esquiar prácticamente todo el año y al mismo tiempo dar paseos por las playas del Mediterráneo que están cerca.

¿Te gustaría esquiar durante los meses de junio, julio y agosto? Puedes hacerlo si haces un viaje a Chile o a la Argentina durante esa época° porque son los meses de invierno en ambos países. ¡Así que, con tus esquís y unos boletos° de avión, puedes esquiar todo el año!

montañosos mountainous

Pirineos Pyrenees

hacen frontera con border

época time

boletos tickets

Preguntas

1. ¿Es montañosa España?
2. ¿Puedes esquiar en España?
3. ¿Hay cuatro estaciones en casi todas las regiones españolas?
4. ¿Dónde está Lérida?
5. ¿Dónde están los Pirineos?
6. ¿Dónde hay nieve todo el año?
7. ¿Con qué países hacen frontera los Pirineos?
8. ¿Nieva mucho en Madrid?
9. ¿Nieva mucho aquí? ¿Cuándo?
10. ¿Dónde está la Sierra de Guadarrama?
11. ¿Dónde está la Sierra Nevada?
12. Además de esquiar, ¿qué puedes hacer en Granada?
13. ¿Prefieres las montañas o las playas? ¿Por qué?
14. ¿Ves muchas montañas en la foto?
15. ¿Hay muchos árboles en las montañas?
16. ¿Cómo parece este lugar?
17. ¿Está bajando o subiendo la esquiadora?
18. ¿Has estado en las montañas? ¿Dónde?
19. ¿Sabes esquiar? ¿Te gustaría aprender?
20. ¿Te gusta esquiar?
21. ¿Dónde esquías?
22. ¿Qué otros deportes de invierno te gustan?
23. ¿Prefieres los deportes de invierno o los de verano?
24. ¿Cuáles son los meses de invierno en Chile y la Argentina?

Temas para discutir

1. Hablen de los deportes que les gustan practicar; pueden ser de invierno o de verano.
2. ¿Les parece sano° practicar un deporte o hacer ejercicio físico? ¿Por qué?

sano healthy

...Y ahora, ¡hablen ustedes!

Imagínense que son unos amigos que quieren pasar un fin de semana en el campo. Unos quieren ir a las montañas para esquiar y otros al mar para tomar el sol y nadar. ¿Adónde decidirán ir?

Pescador en un arroyo de la provincia de Lérida, España.

10. ¿Quieres ir a pescar?

España tiene más de 3,000 kilómetros de costas° y casi 74,000 kilómetros de arroyos y ríos. También hay numerosos pantanos° y presas.° Todo esto ofrece grandes oportunidades tanto para el pescador serio como para el aficionado.° ¿Qué puedes pescar en las aguas españolas? El salmón° y la trucha° se encuentran en el interior, y generalmente en agua dulce.° Por la costa puedes pescar atún,° pez espada° y tiburones.°

Como en otras partes del mundo, si quieres pescar en España tienes que sacar un carnet.° Este carnet se saca de las oficinas de las jefaturas provinciales° del Instituto Nacional para la Conservación de la Naturaleza (ICONA). Para proteger° a los peces, el ICONA establece que sólo se puede pescar durante ciertas temporadas.° También controla el número de peces que puedes pescar y el tamaño y peso de éstos.

costas coasts
pantanos reservoirs
presas dams
aficionado (*here*) amateur
salmón salmon
trucha trout
agua dulce fresh water
atún tuna fish
pez espada swordfish
tiburones sharks
carnet license
jefaturas provinciales provincial headquarters
proteger protect
temporadas seasons

Preguntas

1. ¿Qué hace el señor de la foto?
2. ¿Cómo se llama alguien que pesca?

3. ¿Dónde está el pescador? ¿en un lago? ¿en un arroyo?
4. ¿Por qué lleva botas?
5. ¿Cuántos kilómetros de costas tiene España?
6. ¿Cuántos kilómetros de arroyos y ríos tiene España?
7. ¿Qué otras masas de agua tiene España?
8. ¿Qué ofrece todo esto?
9. ¿Qué puedes pescar en el interior de España?
10. ¿Qué tipo de agua hay en el interior?
11. ¿Qué puedes pescar por las costas?
12. ¿Qué necesitas para pescar?
13. ¿Es España el único país que requiere un carnet de pescar?
14. ¿Dónde puedes sacar este carnet?
15. ¿Qué significan las letras ICONA?
16. ¿Hay organizaciones parecidas al ICONA en nuestro país?
17. ¿Qué más hace el ICONA?
18. ¿Puedes pescar todo lo que quieras todo el año en España?
19. ¿Qué debes hacer si pescas un pez demasiado pequeño?
20. ¿Te gusta pescar?
21. ¿Adónde vas para pescar?
22. ¿Prefieres ir a pescar solo (sola) o con unos amigos?
23. ¿Te gusta pescar en el mar o en un arroyo?
24. ¿Cuándo prefieres pescar?

Temas para discutir

1. ¿Les parece necesario establecer organizaciones como el ICONA? ¿Por qué?
2. ¿Cuáles son algunas de las ventajas de ir a pescar?

...Y ahora, ¡hablen ustedes!

Ustedes son pescadores extranjeros en España. Se encuentran con un amigo español, también pescador. ¿Dónde van a pescar? ¿Qué van a pescar? ¿Necesitan sacar un carnet especial?

El mercado al aire libre en Pisac, el Perú.

11. Pisac

Uno de los mercados más interesantes de Sudamérica se encuentra en el pueblo de Pisac, en las altas tierras de los Andes. Allí, puedes encontrar una gran variedad de artículos hechos a mano por los indígenas:° mantas, zapatillas, sombreros, joyería, ponchos y artículos de cuero.° Los sombreros que llevan las mujeres, como la que ves en la foto, identifican la región de los Andes de donde son.

indígenas natives
cuero leather

El mercado principal se monta° en la plaza de Pisac los domingos. Al lado de esta plaza los indios montan su propio mercado, y ponen a la vista° sus mercancías° y productos agrícolas. Así, se comercian entre sí. Éstos son los quechuas, los descendientes de los incas, y componen la gran parte de la población de los Andes. Hablarán quechua, el idioma de sus antepasados, aunque muchos también hablan español. El quechua nunca fue un idioma escrito.

se monta is set up
ponen a la vista spread
mercancías wares

Los incas habían desarrollado una gran cultura en el siglo XV. Su imperio se extendió por la costa oeste de Sudamérica e incluía partes de los países ahora llamados el Perú, el Ecuador, Bolivia, Colombia, Chile y la Argentina. Eran grandes arquitectos, artesanos y astrónomos. Parte de sus edificios y caminos se pueden ver en la ciudad de Cuzco, la antigua capital del Perú, a poca distancia de Pisac. A unas horas de Pisac también está la antigua ciudad sagrada° de Machu Picchu, ya en ruinas, pero testimonio del

sagrada sacred

genio incaico° y situada en un lugar verde y silencioso—a una altitud de casi 9,000 pies (más de 2,500 metros) en los Andes.

genio incaico Inca genius

Preguntas

1. ¿Dónde está Pisac?
2. ¿Es una ciudad grande o un pueblo?
3. ¿Dónde están los Andes?
4. ¿Cómo son los Andes?
5. ¿Qué tipo de mercado es el de Pisac?
6. ¿Qué puedes encontrar allí?
7. ¿Quiénes hacen estos artículos?
8. ¿Quién ha estado en un mercado al aire libre? ¿Qué compraste allí? ¿Dónde estaba el mercado?
9. ¿Tenemos mercados al aire libre en nuestra ciudad? ¿En nuestro estado?
10. ¿Qué identifica la región de los Andes de donde son las mujeres?
11. ¿Crees que puede hacer frío en los Andes? ¿Por qué?
12. ¿Habrá nieve en algunas montañas de los Andes?
13. ¿Cuándo se monta el mercado de Pisac?
14. ¿Qué ponen a la vista los indios?
15. ¿Dónde montan su mercado?
16. ¿Con quiénes se comercian estos indios?
17. ¿Quiénes son los quechuas?
18. Además de español, ¿qué idioma hablan?
19. ¿Fue escrito el idioma de los incas?
20. ¿Quiénes habían desarrollado una gran cultura en el siglo XV?
21. ¿Por dónde se extendió su imperio?
22. ¿En qué se destacaban los incas?
23. ¿Qué ciudad fue la antigua capital del Perú?
24. ¿Qué es Machu Picchu? ¿Dónde está?

Temas para discutir

1. ¿Por qué creen que los quechuas montan su propio mercado al lado del mercado principal?
2. ¿Hay todavía artifactos y edificios de los indios de América del Norte? Hablen un poco de lo que queda de los indios de Norteamérica y de lo que ellos siguen produciendo. ¿Dónde se venden sus productos?

...Y ahora, ¡hablen ustedes!

Pueden montar su propio mercado al aire libre. ¿Qué artículos van a vender? ¿Serán caros o baratos? ¿Dónde van a montar su "mercado"?

Como si no hubiera pasado el tiempo.

12. Las Islas Encantadas

¡Imagínate una tierra habitada° por animales y pájaros casi únicos en el mundo! Un lugar donde estos mismos seres° son tan mansos° que prácticamente posan delante de tu cámera. Una tierra cuyo cielo nocturno° está cubierto de mil millones° de estrellas y donde hay menos de 4,000 habitantes por unas 2,800 millas cuadradas° (7,400 kilómetros cuadrados). Antes de llegar los residentes actuales, los únicos que pisaban° esta tierra tan singular° eran los piratas que venían a esconder sus tesoros y los naúfragos° que buscaban un refugio. Ambos llamaban su escondite° o refugio las "islas encantadas." También hay que notar que en el año 1835 el famoso naturalista Charles Darwin se quedó unas semanas estudiando los animales que se encontraban aquí.

¿Dónde queda° este sitio paradisiaco?° Está en el Océano Pacífico, a unas 600 millas (970 kilómetros) al oeste de la República del Ecuador. Pertenece a ese país y aunque también se llama el Archipiélago de Colón se conoce más bien como las Islas Galápagos.

Preguntarás "¿Que significa 'galápagos'?" Los galápagos son unas tortugas° enormes, llegando a pesar hasta 500 libras (unos 230 kilogramos),

habitada inhabited
seres creatures
mansos tame
nocturno night
mil millones billions
cuadradas square
pisaban set foot on
singular unique
naúfragos survivors of a shipwreck
escondite hiding place

queda (*here*) is
paradisiaco paradise-like

tortugas tortoises

que viven solamente en dos de estas islas singulares. Son muchos los viajeros que quieren visitar las islas, pero el gobierno ecuatoriano limita el turismo para conservar la ecología delicada° de este "zoológico° natural."

delicada delicate
zoológico zoo

Preguntas

1. ¿Son muy corrientes los animales y pájaros en las Islas Galápagos?
2. ¿Son muy mansos?
3. ¿Puedes sacarles muchas fotos?
4. ¿Te gustaría sacarles fotos?
5. ¿De qué prefieres sacar fotos?
6. ¿Aproximadamente cuántos habitantes hay en estas islas?
7. ¿Qué idioma hablan?
8. ¿De aproximadamente cuántos kilómetros cuadrados son las islas?
9. Antes de llegar los residentes actuales, ¿quiénes venían aquí?
10. ¿Qué hacían los piratas en estas islas?
11. ¿Cómo llamaban los piratas y los naúfragos estas islas?
12. ¿Quién fue Charles Darwin?
13. ¿Cuándo fue a las Galápagos?
14. ¿Por cuánto tiempo se quedó?
15. ¿Qué hizo mientras estaba en las islas?
16. ¿En qué océano están estas islas?
17. ¿A qué país pertenecen?
18. ¿Qué islas son parte de nuestro país?
19. ¿Quién las ha visitado? ¿Cómo son?
20. ¿A qué distancia están las Galápagos de la República del Ecuador?
21. ¿Cuál es el otro nombre actual de estas islas?
22. ¿Qué son "galápagos"?
23. ¿Cuánto pueden pesar los galápagos?
24. ¿En cuántas islas viven estas tortugas?

Temas para discutir

1. Hablen de las partes del mundo que sean tan singulares como las Islas Galápagos. ¿Cómo son? ¿Dónde están? ¿Quién las ha visitado?
2. ¿Cómo prefieren que se llamen estas islas: las Islas Galápagos, el Archipiélago de Colón o las Islas Encantadas? ¿Por qué?

...Y ahora, ¡hablen ustedes!

Algunos residentes de las Galápagos quieren llevar a unos amigos extranjeros desde la costa oeste del Ecuador hasta las islas. ¿Cómo van a hacer el viaje? ¿en barco? ¿en avión? ¿Qué van a hacer cuando lleguen a las islas? ¿Qué van a enseñarles a los visitantes?

Artesano pintando un carro de bueyes. Costa Rica.

13. Costa Rica

Por generaciones, los costarricenses han pintado carros de bueyes a mano. Hay gran detalle en estos diseños° geométricos. Al principio, los carros se usaban para transportar productos agrícolas. Costa Rica tiene tierras muy fértiles; abundan las cosechas de plátanos, cacao, maíz, caña de azúcar y varias frutas tropicales.

diseños designs

En los años 1800 los costarricenses transportaban granos de café en estos carros desde las tierras altas, donde se cosechaban,° hasta la costa, de donde se exportaban. Hoy día, el café es el producto de exportación más importante del país, aunque los carros de bueyes sólo se usan para ciertas exhibiciones y fiestas populares.

se cosechaban were harvested

La leyenda del origen del café es interesante. Hace muchos años unos pastores° que cuidaban las cabras° en el país africano de Etiopía se dieron cuenta de que las cabras no habían dormido por la noche después de haber comido las hojas y bayas° de los cafetos.°

pastores shepherds
cabras goats
bayas berries
cafetos coffee trees

Antes de tomarse como la bebida que conoces hoy día, el café era comida, y luego vino y medicina. Los árabes fueron los primeros en tomar el café como bebida caliente, en el siglo° XIII. Los turcos lo empezaron a tomar en el siglo XVI y los italianos en los años 1600.

siglo century

Preguntas

1. ¿Quién está pintando el carro?
2. ¿De dónde son estos carros?
3. ¿Cómo los pintan los costarricenses?
4. ¿Es una tecnología nueva?
5. ¿Hay muchos detalles?
6. ¿Qué tipo de diseños hay?
7. ¿Qué animales tiraban estos carros?
8. ¿Cómo se usaban los carros primero?
9. ¿Cómo son las tierras de Costa Rica?
10. ¿Qué productos agrícolas abundan en Costa Rica?
11. ¿Qué producto se hace del cacao?
12. En los años 1800, ¿qué transportaban los costarricenses en los carros?
13. ¿Dónde se cosecha el café en Costa Rica?
14. ¿De dónde se exporta?
15. ¿Se exporta mucho café de nuestro país o se importa?
16. ¿Es el café un producto importante de exportación en Costa Rica?
17. ¿Tomas café? ¿Cómo lo tomas?
18. ¿Cómo es la leyenda del origen del café?
19. ¿Qué son pastores?
20. ¿De qué se dieron cuenta los pastores?
21. ¿Dónde está Etiopía?
22. Antes de ser la bebida que conoces hoy día, ¿cómo se tomaba el café?
23. ¿Quiénes tomaban el café primero?
24. ¿Tomaban los turcos el café antes o después de los italianos?

Temas para discutir

1. ¿Por qué es tan popular el café? ¿Por qué es costumbre en muchos países del mundo tomar el café por la mañana y después de las comidas?

2. ¿Les parece sano tomar café? ¿Hay otras comidas o bebidas de la dieta "típica" de nuestro país que les parecen poco sanas? ¿Cuáles son?

...Y ahora, ¡hablen ustedes!

Han leído algo sobre una leyenda del origen del café. Piensen en leyendas sobre el origen de otras cosas. Cuéntenlas. Si no saben cómo ciertas cosas se originaron, ¡pueden inventar una leyenda interesante!

Las fallas valencianas.

14. Las fallas valencianas

¿Es un dragón o una serpiente de mar?° No te asustes.° No te puede hacer daño. Esta enorme figura y otros centenares° de tamaño parecido son parte de las fiestas celebradas en Valencia, España, con motivo del santo patrón° de la ciudad, San José. Las figuras y las fiestas se llaman fallas. Los valencianos construyen monstruos, personajes,° animales y escenas completas de cartón piedra° y madera, los pintan de colores muy vivos,° los pasean por las calles y luego ¡los queman!

Hay una gran competencia entre los barrios° valencianos por hacer la mejor falla. Todos contribuyen dinero para hacer las fallas. Pagan a los artistas para que diseñen° una falla original. Entre los días 12 y 19 de marzo se exhiben las fallas en las calles. A la medianoche del 19 la fiesta termina con una gran hoguera:° se queman las fallas y hay una gran exhibición de fuegos artificiales.° Durante la semana también hay las primeras corridas° de la temporada,° conciertos y bailes. Desde luego,° es una fiesta muy animada.°

serpiente de mar sea serpent
no te asustes don't be frightened
centenares hundreds
santo patrón patron saint
personajes characters
cartón piedra papier-mâché
vivos bright
barrios neighborhoods
diseñen design
hoguera bonfire
fuegos artificiales fireworks
corridas bullfights
temporada season
desde luego of course
animada lively

Preguntas

1. ¿Qué ves en la foto?
2. ¿Se hizo la foto de día o de noche?
3. ¿Por qué no debes asustarte de este "monstruo"?
4. ¿Qué es una falla?
5. ¿Son grandes o pequeñas las fallas?
6. ¿Hay muchas fallas en Valencia?
7. ¿En qué mes del año son las fallas valencianas?
8. ¿Entre qué días se celebran estas fiestas?
9. ¿Con qué motivo se celebra esta fiesta?
10. ¿De qué material son las fallas?
11. ¿Qué representan las figuras?
12. ¿Están pintadas? ¿De qué colores?
13. Después de hacer las fallas, ¿por dónde las pasean los valencianos?
14. ¿Qué les pasa a las fallas al final de la fiesta?
15. ¿Te parece triste quemarlas?
16. ¿A qué hora las queman?
17. ¿Qué más se oye a la medianoche?
18. ¿Por qué hay mucha competencia entre los barrios valencianos?
19. ¿Gastan los valencianos mucho dinero en las fallas?
20. ¿A quiénes pagan para que diseñen las fallas?
21. ¿Gastarías dinero en las fallas? ¿Por qué?
22. Además de las fallas, ¿qué otras cosas puedes hacer durante estas fiestas?
23. ¿Por qué es una fiesta muy animada?
24. ¿De qué diseñarías una falla?

Temas para discutir

1. ¿Piensan que a veces es necesario gastar dinero en las fiestas para que el pueblo se divierta? ¿Por qué?
2. Hablen un poco sobre las fiestas populares en nuestro país. Quizá alguno de ustedes haya estado en un pueblo, ciudad o estado donde se celebran fiestas especiales. Si han estado, cuéntennos algo de estas fiestas.

...Y ahora, ¡hablen ustedes!

Ustedes van a montar una falla para representar a su clase en un desfile.° ¿Qué fiesta van a celebrarar? ¿Qué falla será? ¿Quiénes la diseñarán? ¿Cómo y de qué se hará?

desfile parade

Los sanfermines en Pamplona, España.

15. Los sanfermines

Todos los pueblos españoles celebran° la fiesta de su santo patrón.° Entre las fiestas más famosas son los sanfermines, en honor de San Fermín, el patrón de Pamplona. Los sanfermines se celebran del 6 al 20 de julio. Durante ese tiempo, hay una corrida de toros° todos los días. No obstante,° lo más interesante y lo más original es el encierro de los toros° por las calles de la ciudad.

Todas las mañanas a las ocho en punto, se da una señal,° indicando que los toros han sido sueltos° del corral. Desde el corral los toros corren hasta la plaza de toros, al final de una calle larga. Delante de los toros corren los jóvenes de Pamplona, otros españoles y algunos extranjeros.° La mayoría de ellos van vestidos con camisa y pantalones blancos y cinturón rojo. Casi todos los participantes son hombres, casi nunca hay mujeres. Las mujeres, los niños y la gente mayor° observan esta fiesta desde los portales,° los balcones o las ventanas que dan a la calle.°

Los jóvenes deben correr muy de prisa para evitar los cuernos° de los toros. Cuando todos llegan a la plaza, los jóvenes tienen que saltar° la barrera° para no sufrir daño. Luego por la tarde se celebrará una corrida con estos mismos toros.

celebran celebrate
santo patrón patron saint
corrida de toros bullfight
no obstante nevertheless
encierro de los toros running of the bulls
señal signal
sueltos let loose
extranjeros foreigners
gente mayor older people
portales doorways
dan a la calle face the street
cuernos horns
saltar jump
barrera special fence surrounding a bullring

Preguntas

1. ¿Qué celebran todos los pueblos españoles?
2. ¿Cuál es una de las fiestas más famosas?
3. ¿Dónde se celebra?
4. ¿Cuándo se celebran los sanfermines?
5. ¿En honor de quién es la fiesta?
6. ¿Qué se celebra todas las tardes durante esta fiesta?
7. ¿Qué es lo más interesante de la fiesta?
8. ¿Por dónde corren los toros?
9. ¿Hacia dónde van los toros?
10. ¿Quiénes corren delante de los toros?
11. ¿Cómo van vestidos la mayoría de ellos?
12. ¿Corren muchas mujeres delante de los toros?
13. ¿Por qué crees que hay tan pocas mujeres?
14. ¿De dónde observan la fiesta las mujeres, los niños y la gente mayor?
15. ¿Qué pasa a las ocho en punto?
16. ¿De dónde salen los toros?
17. ¿Por qué corren de prisa los jóvenes?
18. ¿Qué hacen los jóvenes cuando llegan a la plaza?
19. ¿Por qué saltan la barrera?
20. ¿Te parece divertida esta fiesta?
21. ¿Te parece peligrosa esta fiesta?
22. ¿Te gustaría participar en esta fiesta? Explica por qué.
23. ¿Cómo prefieres ver esta fiesta, desde un balcón o desde delante de los toros, en la calle? ¿Por qué?
24. ¿Qué hacen los jóvenes de la foto?

Temas para discutir

1. ¿Por qué participarán los jóvenes en esta fiesta?
2. ¿Creen que una fiesta como los sanfermines tendría éxito en nuestro país? ¿Por qué?

...Y ahora, ¡hablen ustedes!

Unos alumnos son periodistas° que han llegado a los sanfermines para entrevistar° a algunos de los participantes. Otros alumnos son los participantes y deben contar sus ideas y reacciones de esta fiesta.

periodistas journalists
entrevistar to interview

"A rapa das bestas" en Galicia, España.

16. Fiesta en Galicia

Entre las tradiciones antiguas de España figura la de "A rapa das bestas" o el corte de las crines° a los caballos salvajes. Se celebra en el pueblo de San Lorenzo de Sabucedo, de la provincia de Galicia que está en el noroeste del país. Los gallegos° hablan su propio idioma, además de español. Este idioma se llama gallego y es parecido al portugués. La fiesta se conoce por el nombre gallego: "A rapa das bestas."

La rapa tiene lugar° los primeros sábados del mes de julio, y viene celebrándose° desde los siglos XV y XVI. Tuvo su comienzo° cuando dos hermanos de este mismo pueblo decidieron criar° dos potros.° Desde entonces, gallegos, otros españoles y extranjeros vienen a ver la famosa "rapa." Es una tradición declarada de interés turístico internacional por el gobierno español.

Primero, los aldeanos° suben al monte° a buscar las manadas.° Luego encierran a los caballos en los corrales. Ya en el corral los mozos agarran° a los caballos. Éstos luchan por su libertad y comienza la "rapa." Es, por cierto, una fiesta primitiva. Sin ninguna tecnología del siglo XX, los mozos tienen que bajar a los caballos al suelo, evitando sus patadas;° así, los nuevos amos° se aferran° a las crines. El corte simboliza la pérdida

crines manes
gallegos Galicians; those from Galicia
tiene lugar takes place
viene celebrándose has been celebrated continuously
comienzo beginning
criar breed
potros colts
aldeanos villagers
monte woods
manadas herds
agarran take hold of
patadas kicks
amos masters
se aferran grasp

de la libertad e independencia de estos caballos. Luego serán domados° por sus nuevos amos, hombres que no quieren olvidar las tradiciones de su pueblo.

domados broken in

Preguntas

1. ¿Cómo se llama esta fiesta?
2. ¿Qué significa "A rapa das bestas"?
3. ¿Dónde se celebra?
4. ¿Dónde está Galicia?
5. ¿Qué idiomas se hablan en esta provincia?
6. ¿Cómo se llaman los que son de Galicia?
7. ¿Es muy antigua esta fiesta?
8. ¿Cuándo empezó a celebrarse?
9. ¿En qué tuvo su comienzo?
10. ¿De dónde eran los dos hermanos?
11. ¿En qué pueblo se celebra hoy día?
12. ¿Quiénes vienen a ver la fiesta?
13. ¿Cómo la declaró el gobierno español?
14. ¿Cuándo se celebra?
15. ¿Qué pasa primero?
16. Luego, ¿adónde llevan los mozos a los caballos?
17. ¿Qué hacen los mozos cuando los caballos ya están en el corral?
18. ¿Por qué luchan los caballos?
19. ¿Es una fiesta moderna?
20. ¿Qué tecnología del siglo XX usan los mozos?
21. ¿Adónde deben bajar los mozos a los caballos?
22. ¿Qué deben evitar los mozos?
23. ¿Quiénes son los nuevos amos?
24. ¿Qué es lo que no quieren olvidar los gallegos?

Temas para discutir

1. ¿Por qué creen que el corte de las crines simboliza la pérdida de la libertad e independencia de los caballos?
2. ¿Creen que una fiesta parecida a la "rapa" tendría éxito en nuestro país? ¿Por qué? ¿Puedes pensar en algunas fiestas de nuestro país que tienen una historia muy larga?

...Y ahora, ¡hablen ustedes!

Comparen las semejanzas y diferencias entre como los hispanos° tratan a los animales y como nosotros los tratamos. Tengan en cuenta que el hispano suele tratar a los animales como seres útiles; o sea que sirvan para algo, mientras que mucha gente en nuestro país tiene animales como "compañeros."

hispanos people from Spain or Latin America

Nacimiento original en la Plaza del Ángel, Madrid, España. Este nacimiento rindió homenaje al Niño Jesús, al mismo tiempo que a los astronautas que habían llevado un mensaje de buena voluntad a la Luna.

17. La Navidad en España

Durante las Navidades,° los españoles tienen la costumbre de colocar° un nacimiento, o belén,° en la casa. Siempre hay por lo menos tres figuras representadas en el nacimiento: el Niño Jesús, la Virgen María y San José. Muchas familias incluyen a los tres reyes magos° (Gaspar, Baltasar y Melchor), pastores y figuras de ovejas, vacas y caballos. Además del nacimiento, algunas familias colocan un árbol de Navidad también, pero el nacimiento es más tradicional.

En las plazas hay exhibiciones° o concursos° de nacimientos. Hay una gran exhibición de este tipo en la Plaza Mayor madrileña,° donde hay también puestos al aire libre° en los cuales se pueden comprar belenes, comida y objetos navideños.°

Las fiestas navideñas son de gran tradición familiar en todo el mundo hispano. En España, la Nochebuena° se celebra generalmente en familia con una gran cena de pavo, pato o cordero asado.° Después, muchas familias van a la misa del gallo° y continuan celebrando al día siguiente, también dedicado a la familia, a los íntimos amigos y a la comida abundante. Los niños, sin embargo, no reciben sus regalos de San Nicolás el día de Navidad. Tienen que esperar hasta el seis de enero° para ver lo que

Navidades, Navidad Christmas
colocar to place
belén *nacimiento*
tres reyes magos Three Wise Men

exhibiciones exhibits
concursos contests
Plaza Mayor madrileña Madrid's main square
puestos al aire libre open-air stands
navideños of or pertaining to Christmas
Nochebuena Christmas Eve
asado roast
misa del gallo Midnight Mass
seis de enero January 6, Epiphany

les traen los tres reyes magos. Durante la noche del cinco de enero, los reyes colocan los regalos en los zapatos que los niños dejan para ellos. ¡Qué alegría tienen los niños al despertarse! Ven todos los regalos de los reyes.

Preguntas

1. ¿En qué mes del año se colocan los nacimientos?
2. Además del nacimiento, ¿qué más colocan en sus casas las familias españolas?
3. ¿En nuestro país, qué costumbre es más común: colocar un nacimiento o un árbol de Navidad?
4. ¿Qué otra palabra español tiene la misma significación que "nacimiento"?
5. ¿Qué figuras siempre están representadas en los nacimientos?
6. ¿Qué otras figuras incluyen muchas familias?
7. ¿Cómo se llaman los tres reyes magos?
8. ¿Cuántos "astronautas" ves en la foto?
9. ¿Adónde se fueron los astronautas?
10. ¿A quiénes rinde homenaje este nacimiento?
11. ¿Dónde hay exhibiciones o concursos de nacimientos?
12. ¿Qué hay en la Plaza Mayor madrileña?
13. ¿Qué se puede comprar en los puestos al aire libre?
14. ¿Cómo son las fiestas navideñas en el mundo hispano?
15. ¿Cómo se celebra la Nochebuena en España?
16. ¿Cómo se celebra esta fiesta en nuestro país?
17. ¿Cómo se celebra el día de Navidad en España?
18. ¿Cómo lo celebra mucha gente de aquí?
19. ¿Cuándo reciben los niños españoles regalos?
20. ¿Quiénes les traen los regalos a los niños españoles?
21. ¿Dónde dejan los reyes sus regalos?
22. ¿Por qué tienen tanta alegría los niños españoles el seis de enero?
23. ¿En qué fiestas del año recibes regalos?
24. ¿Quién te trae regalos? ¿A quién le das regalos?

Temas para discutir

1. ¿Cuál es su fiesta favorita? ¿Por qué?
2. ¿Por qué son importantes las fiestas navideñas?

...Y ahora, ¡hablen ustedes!

Imagínense que una familia hispana los haya invitado a su casa para celebrar la Nochebuena. ¿Qué harán? ¿Qué comida habrá? ¿Qué pueden comentar sobre las fiestas de aquí? Preparen un diálogo entre la familia hispana y sus invitados.

Corrida de toros. Toreo a caballo en la Plaza de Las Ventas, Madrid.

18. El rejoneador°

rejoneador one who fights bulls on horseback

En el mundo hispano la corrida de toros no es un deporte, sino un espectáculo. El torero° no sólo debe matar al toro, debe hacerlo con arte y valentía.° Las corridas más antiguas datan° de hace 2,000 años y se celebraban en la isla de Creta,° que es parte de Grecia.° Los romanos introdujeron los toros en España, donde los usaban en sus juegos. Los árabes, que vivían en España por más de siete siglos,° originaron° la idea de torear en el siglo XI.

Los primeros toreros en España eran los aristócratas y miembros de la familia real.° Éstos toreaban a caballo hasta los principios del siglo XVIII. Por esa época la gente del pueblo° comenzó a torear a pie y con un capote.° En la actualidad° hay corridas en España, México, Venezuela, el Perú y Colombia. Hay más de cuatrocientas plazas de toros° en España y unas doscientas en México.

El torero que ves en la foto es un rejoneador. Como los primeros toreros españoles, él también torea a caballo. Los rejoneadores entrenan° a sus caballos porque es esencial que estos animales respondan° a los mandos del jinete.°

torero bullfighter
valentía courage
datan date
Creta Crete
Grecia Greece
siglos centuries
originaron originated

real royal
gente del pueblo commoners
capote cape
en la actualidad at present
plazas de toros bullrings

entrenan train
respondan answer
jinete rider

Preguntas

1. ¿Consideran los hispanos que la corrida de toros es un deporte?
2. Además de matar al toro, ¿qué más debe hacer el torero?
3. ¿De cuándo datan las corridas más antiguas?
4. ¿Dónde se celebraban estas corridas?
5. ¿Quiénes introdujeron los toros en España?
6. ¿Qué hacían los romanos con los toros?
7. ¿Quiénes tuvieron la idea de torear a los toros?
8. ¿Cuándo empezaron los árabes a torear en España?
9. ¿Quiénes eran los primeros toreros?
10. ¿Cómo toreaban, a pie o a caballo?
11. ¿Cuándo empezó a torear la gente del pueblo?
12. ¿Cómo toreaba, a pie o a caballo?
13. ¿Qué usaban para torear?
14. ¿En qué países del mundo hispano puedes ver una corrida?
15. ¿Cuántas plazas de toros hay en España?
16. ¿Cuántas plazas de toros hay en México?
17. ¿Se torea todavía a caballo?
18. ¿Cómo se llama el torero que torea a caballo?
19. ¿Quiénes entrenan a los caballos del rejoneador?
20. ¿Cómo se llama la plaza de toros que se muestra en la foto?
21. ¿Has visto una corrida de toros?
22. ¿Te gustaría ver una corrida de toros?
23. ¿Es peligroso ser torero? ¿ser rejoneador?
24. ¿Hay muchos aficionados en esta plaza de toros?

Temas para discutir

1. ¿Qué les parecen las corridas de toros? ¿Por qué?
2. ¿Por qué piensan ustedes que los hispanos no consideran la corrida de toros un deporte?

...Y ahora, ¡hablen ustedes!

Algunos alumnos pueden ser unos empresarios° hispanos que quieren introducir "la fiesta brava"° en nuestro país. ¿Cómo lo van a hacer? Otros alumnos pueden ser miembros de una sociedad protectora de animales que se opone al espectáculo de los toros.

empresarios impresarios, entrepreneurs
la fiesta brava "the brave festival," *i.e.*, the bullfight

Las pirámides de Teotihuacán, en México.

19. Las pirámides

Antes de llegar Hernán Cortés a México, y aun antes de la civilización de los aztecas, los indios toltec dominaban° una región de México. Las pirámides de Teotihuacán son de los toltec. Para muchos, son las ruinas° más famosas del país. Las pirámides son lo que queda de una ciudad antigua, nacida hace más de mil cuatrocientos años.

La pirámide más grande es la que está dedicada° al sol. Mide más de 200 pies (60 metros) de alto. En realidad, son varias pirámides, una hecha encima de otra. Tal vez hubiera un templo° dedicado al sol en la parte más alta. Cerca hay una pirámide dedicada a la luna.° Algunos expertos creen que hace muchísimos años los egipcios° cruzaron el Atlántico en balsas° y llegaron a lo que hoy día es México. ¿Traerían consigo° los conocimientos de la construcción de las pirámides?

dominaban ruled
ruinas ruins
dedicada dedicated
templo temple
luna moon
egipcios Egyptians
balsas rafts
consigo with them(selves)

Preguntas

1. ¿A cuántos hombres ves en la foto?
2. ¿Qué llevan en la cabeza?

3. ¿A qué miran?
4. ¿Es de día o de noche?
5. ¿Hay muchos edificios alrededor de las pirámides?
6. ¿Cómo puedes subir a la pirámide?
7. ¿Es muy pequeña la pirámide?
8. ¿Cuánto mide?
9. ¿Quiénes vivían en México antes de los aztecas?
10. ¿De quiénes son las pirámides de Teotihuacán?
11. ¿Son muy famosas las pirámides?
12. ¿Cuál es la estructura más famosa de nuestra ciudad?
13. ¿Qué hubo en este lugar hace muchísimos años?
14. ¿Cuándo se hizo esta ciudad?
15. ¿Cuál es la estructura más antigua de nuestra ciudad?
16. ¿Es una foto de una o de varias pirámides?
17. ¿A qué está dedicada la pirámide más grande?
18. ¿Qué hubo en la parte más alta de esa pirámide?
19. ¿A qué está dedicada la pirámide más pequeña?
20. ¿Qué creen algunos expertos?
21. ¿Cómo cruzaron el Atlántico los antiguos egipcios?
22. ¿Cómo se cruza el Atlántico hoy día?
23. ¿Te gustaría cruzar el Atlántico en una balsa? ¿Por qué?
24. ¿Te gustaría visitar las pirámides de Teotihuacán? ¿Por qué?

Temas para discutir

1. ¿Creen que era posible cruzar el Atlántico en balsas hace más de mil años? ¿Por qué? ¿Cómo sería el viaje? ¿Cuánto tiempo tardarían?
2. Además de sus conocimientos de la construcción de las pirámides, ¿qué más traerían los egipcios a México?

...Y ahora, ¡hablen ustedes!

Ustedes son los planeadores° de un monumento para honrar a alguien en su ciudad. ¿A quién van a honrar? ¿Qué clase de monumento será? ¿Qué preguntas tendrán los turistas extranjeros cuando vienen a visitar el monumento? ¿Cómo las contestarán ustedes?

planeadores planners

El Zócalo, México, Distrito Federal.

20. El Zócalo

El Zócalo es la plaza principal de la capital de México. Está en el centro del barrio antiguo de la ciudad y es una de las plazas más grandes del mundo. Sólo la plaza principal de Moscú lo supera° en tamaño. Hoy día el Palacio Nacional, la Catedral Metropolitana, un hotel, las oficinas del ayuntamiento° y el Monte de Piedad° rodean° el Zócalo. El Monte de Piedad es una agencia° del gobierno donde puedes empeñar° cosas de cierto valor.° Generalmente, los que empeñan sus pertenencias° vuelven a desempeñarlas,° pero a veces se puede encontrar una ganga.°

Hace siglos, el palacio del rey azteca Moctezuma se encontraba donde ahora está el Zócalo. De hecho,° el actual Palacio Nacional, donde el Presidente de la República tiene sus oficinas, se construyó en parte de las ruinas del antiguo palacio azteca. En uno de los balcones del Palacio Nacional hay una campana histórica: la campana de la libertad mexicana. Fue la que tocó el padre Miguel Hidalgo, el 15 de septiembre de 1810, en la iglesia de Dolores, un pueblo al norte de la capital.

El sacerdote tocó la campana para reunir a la gente del pueblo, animándoles° a que se rebelaran° contra España y así ganarse la libertad. Sus palabras famosas de "¡Viva México! ¡Viva la independencia!" se

supera surpasses
ayuntamiento City Hall
Monte de Piedad National Pawn Shop
rodean surround
agencia agency
empeñar to pawn
cierto valor certain value
pertenencias belongings
desempeñarlas redeem them
ganga bargain
de hecho in fact
animándoles encouraging them
se rebelaran revolt

conocen como el Grito de Dolores y dieron comienzo a la Guerra de la Independencia. Desde su balcón del Palacio Nacional, el Presidente toca la famosa campana y repite el Grito de Dolores el 15 de septiembre. Al día siguiente el pueblo mexicano celebra su independencia.

Preguntas

1. ¿Qué es el Zócalo de la capital mexicana?
2. ¿En qué parte de la ciudad está?
3. ¿Es muy grande?
4. ¿Qué otra plaza lo supera en tamaño?
5. ¿Qué edificios rodean el Zócalo?
6. ¿Qué es el Monte de Piedad?
7. ¿Te parece buena idea tener un monte de piedad? ¿Por qué?
8. ¿Quién fue Moctezuma?
9. ¿Dónde se encontraba el antiguo palacio de los aztecas?
10. ¿Quién tiene sus oficinas en el Palacio Nacional?
11. ¿De qué se construyó en parte el Palacio Nacional?
12. ¿Qué hay en uno de los balcones del Palacio Nacional?
13. ¿Quién tocó la campana de la libertad el 15 de septiembre de 1810?
14. ¿Dónde la tocó?
15. ¿Dónde está el pueblo de Dolores?
16. ¿Por qué tocó la campana el padre Hidalgo?
17. ¿A qué le animaba a la gente el padre Hidalgo?
18. ¿Qué palabras famosas dijo el padre Hidalgo?
19. ¿A qué dio comienzo el Grito de Dolores?
20. ¿Qué repite el Presidente desde el balcón del Palacio Nacional? ¿Qué toca?
21. ¿Qué se celebra en México el 16 de septiembre?
22. ¿Cuándo se celebra nuestro día nacional?
23. ¿De qué país se liberó México?
24. ¿De qué país se liberó el Brasil? ¿Haití? ¿la India?

Temas para discutir

1. ¿Por qué conservarán los mexicanos la campana que tocó el padre Hidalgo? ¿Hay algo de importancia histórica en nuestra ciudad? ¿Qué es?
2. ¿Por qué razones habrán construido los mexicanos el Palacio Nacional en parte de las ruinas del palacio de Moctezuma?

...Y ahora, ¡hablen ustedes!

Comparen lo que hay en el Zócalo de México con los edificios y monumentos que hay en una plaza o calle principal de nuestra ciudad. ¿Qué tienen en común? ¿En qué sentido son diferentes?

Plaza Mayor, Madrid.

21. La Plaza Mayor

Todas las ciudades en el mundo hispano, incluso° los pueblos pequeños, tienen su plaza mayor.° Es un lugar para pasear, ver a los amigos, tomar un café o hacer compras. En Madrid la Plaza Mayor está en el corazón del barrio antiguo° de la ciudad. Está rodeada° de tiendas, restaurantes y cafés. En los pisos° más altos hay oficinas y apartamentos.

Hace muchos años había corridas de toros en la Plaza Mayor. Algunos de los mejores obras de teatro° se representaron aquí también. Hoy día se puede ver teatro al aire libre° durante el verano. Durante las navidades° hay puestos donde se venden artículos navideños.°

Todos los domingos por la mañana los filatelistas° se reunen aquí para comprar, vender e intercambiar sus sellos.° Hay filatelistas de todas las edades. Tanto a los viejos como a los jóvenes les encanta la filatelia.° Aquí, pueden disfrutar° de su avocación° tranquilamente. La Plaza Mayor es uno de los pocos sitios en la ciudad donde no se permiten coches ni motos.°

incluso even
plaza mayor main square
barrio antiguo old section
rodeada surrounded
pisos floors, stories
obras de teatro plays
al aire libre outdoors
navidades Christmas (*noun*)
navideños Christmas (*adjective*)
filatelistas stamp collectors
sellos stamps
filatelia stamp collecting
disfrutar enjoy
avocación hobby
motos motorcycles

Preguntas

1. ¿Qué tienen todas las ciudades del mundo hispano?
2. ¿Para qué sirve una plaza mayor?
3. ¿Dónde está la Plaza Mayor de Madrid?
4. ¿De qué está rodeada la Plaza Mayor?
5. ¿Te gustaría vivir en un apartamento aquí?
6. Hace muchos años, ¿qué se celebraba en la Plaza Mayor?
7. ¿Hay todavía corridas en la Plaza Mayor?
8. ¿Hay todavía teatro en la Plaza Mayor?
9. ¿Cuándo hay teatro?
10. ¿Qué hay en la Plaza Mayor durante las navidades?
11. ¿Qué hay en la Plaza Mayor todos los domingos por la mañana?
12. ¿Qué hacen los filatelistas?
13. ¿Son viejos todos los filatelistas?
14. ¿Son jóvenes todos los filatelistas?
15. ¿Hay muchos coches en la Plaza Mayor?
16. ¿Por qué no hay coches aquí?
17. ¿Te interesa la filatelia?
18. ¿Te gustaría pasar una mañana en esta Plaza Mayor?
19. ¿Qué hace la gente de pie en la foto?
20. ¿Hay algunas personas sentadas en esta foto?
21. ¿Ves niños en la foto o sólo gente mayor?
22. ¿Son muy altos los edificios que rodean la Plaza Mayor?
23. ¿Cuántas torres hay?
24. ¿Hay balcones delante de los apartamentos y oficinas?

Temas para discutir

1. ¿Tienen alguna avocación? ¿Cuál es? Hablen un poco de su avocación.
2. ¿Les parece importante que la gente tenga una avocación? ¿Por qué?

...Y ahora, ¡hablen ustedes!

Ustedes son filatelistas. Algunos quieren comprar sellos y otros quieren venderlos. ¿Qué tipo de sellos hay? ¿Qué tipo de sellos tienen para vender? ¿Los venden caros? ¿De dónde son sus sellos? ¿Son muy antiguos?

Biblioteca central de la Universidad Nacional Autónoma de México, Distrito Federal.

22. La biblioteca

La Universidad Nacional Autónoma de México° (UNAM) es la más grande del país. ¡Tiene casi 240,000 estudiantes en todas sus sucursales!° Entre las facultades° que tiene la universidad figuran:° filosofía y letras,° derecho,° ciencias, medicina, ingeniería,° arquitectura, políticas y economía.

La universidad se fundó° en 1551 y la administró la Iglesia Católica hasta 1867. Ha sido autónoma, o independiente del control del gobierno, desde 1929. El edificio de la foto sea quizá el más conocido. Los murales exteriores fueron diseñados° por Juan O'Gorman. Estos murales están formadas por más de siete millones y medio de mosaicos° de piedra. Las piedras son de color natural y todas son de México. Hay escenas de la historia del país y de la vida contemporánea.° Es un edificio muy original por fuera° e interesante por dentro.° La biblioteca tiene más de un millón de tomos.°

Universidad Autónoma Nacional de México National Autonomous University of Mexico
sucursales branches
facultades schools (of a university)
figuran (*here*) are
filosofía y letras liberal arts
derecho law
ingeniería engineering
se fundó was founded
diseñados designed
mosaicos mosaics
contemporánea comtemporary
por fuera on the outside
por dentro on the inside
tomos volumes

Preguntas

1. ¿Cómo se llama esta universidad?
2. ¿En qué ciudad está?

3. ¿Cuántos estudiantes estudian allí?
4. ¿Cuáles son algunas de sus facultades?
5. ¿Cuándo se fundó?
6. ¿Quién lo administraba entonces?
7. ¿Qué quiere decir *autónoma*?
8. ¿Desde cuándo ha sido autónoma esta universidad?
9. ¿Qué edificio de la universidad es el más conocido?
10. ¿De qué están hechos los murales?
11. ¿Cuántos mosaicos de piedra hay?
12. ¿De qué son las escenas?
13. Describe algunas de las escenas que ves en la foto.
14. ¿Te parece muy pequeña la biblioteca?
15. ¿Cuántos tomos tiene?
16. ¿Dónde estudias? ¿en casa? ¿en la biblioteca?
17. ¿En qué sentido es esta biblioteca parecida a la de nuestra escuela?
18. ¿En qué sentido es esta biblioteca diferente de la nuestra?
19. ¿Sabes buscar libros en la biblioteca?
20. ¿Te gusta visitar la biblioteca pública de nuestra ciudad?
21. ¿Tienes una tarjeta para la biblioteca pública?
22. ¿Siempre devuelves los libros a tiempo?
23. ¿Qué clase de libros te gusta leer?
24. Además de libros, ¿qué puedes sacar de una biblioteca?

Temas para discutir

1. ¿Les gustaría estudiar en un país extranjero por un año? ¿Por qué? ¿Dónde les gustaría estudiar?

2. Hablen de lo que les gustaría hacer cuando sean mayores. ¿Será necesario estudiar en la universidad?

...Y ahora, ¡hablen ustedes!

Ustedes son estudiantes de la UNAM. ¿Qué estudian? ¿Qué quieren hacer cuando terminen? ¿Estudian idiomas? ¿Tienen muchas clases al día? Un grupo de unos cuatro alumnos pueden hablar de su día típico entre sí.

El famoso acueducto romano en Segovia, España.

23. Segovia, España

Los romanos conquistaron España en el segundo siglo a.C.° y la dominaron hasta que fueron vencidos° por los visigodos° dos siglos más tarde. Durante estos cuatrocientos años los romanos construyeron muchos puentes,° caminos, acueductos y otras estructuras en la provincia que llamaron *Hispania.* El nombre *España* procede° de *Hispania.*

Hoy día se pueden ver algunas de estas estructuras. Quizá la más famosa sea el acueducto de Segovia. Fue construído a fines del primer siglo d.C.,° y mide° unos 2,446 pies (734 metros) de largo. Está hecho de bloques de granito° colocados° unos encima de otros, sin argamasa.° ¡Lo interesante es que esta maravilla arquitectónica° todavía funciona! Lleva agua de un río al centro de Segovia, una ciudad de unos 48,000 habitantes. Los bloques bajos del acueducto aguantan hasta° los golpes de los coches y autobuses que llevan turistas aquí a millares.°

No muy lejos del acueducto está un alcázar° muy hermoso y antiguo. Ha servido de modelo al castillo en "Blancanieves." Hoy día nadie vive en el alcázar, pero mucha gente lo visita. Es un museo. Además de estos lugares de interés histórico, Segovia tiene muchísimos restaurantes. A los segovianos y a los turistas que visitan la ciudad, les encanta comer bien. Entre otros platos toman el cordero y el lechón asado° que se crían en la zona.

a.C. antes de Cristo, B.C.
vencidos conquered
visigodos Visigoths (a Germanic tribe)
puentes bridges
procede comes from
d.C. después de Cristo, A.D.
mide measures
bloques de granito blocks of granite
colocados placed
argamasa mortar
maravilla arquitectónica architectural marvel
aguantan hasta withstand even
a millares by the thousands
alcázar castle
el cordero y el lechón asado roast lamb and suckling pig

Preguntas

1. ¿Qué ves en la foto?
2. ¿Qué es un acueducto?
3. ¿Cuándo fue construído el acueducto de Segovia?
4. ¿Quiénes lo construyeron?
5. ¿De qué lo construyeron?
6. ¿Cuánto mide el acueducto de largo?
7. ¿De dónde viene el agua?
8. ¿Qué aguanta el acueducto del siglo veinte?
9. Además de acueductos, ¿qué más construyeron los romanos?
10. ¿Cuándo conquistaron los romanos España?
11. ¿Cómo llamaban los romanos a España?
12. ¿Quiénes conquistaron a los romanos? ¿Cuándo los conquistaron?
13. ¿Aproximadamente cuántos habitantes tiene Segovia?
14. ¿Qué es un alcázar?
15. ¿Quién vive en el alcázar de Segovia?
16. ¿De qué ha servido de modelo el alcázar de Segovia?
17. ¿Qué es el alcázar hoy día?
18. ¿Por qué hay muchos restaurantes en Segovia?
19. ¿Cuáles son los platos preferidos de la gente?
20. ¿Cuál es tu plato preferido?
21. ¿Dónde se crían los lechones y los corderos?
22. ¿Te gustaría visitar el acueducto de Segovia? ¿Por qué?
23. ¿Te gustaría vivir en un alcázar? ¿Por qué?
24. ¿Has visto alguna cosa o estructura que tuviera más de 2,000 años? ¿Qué era?

Temas para discutir

1. ¿Es importante conservar cosas del pasado? ¿Por qué?
2. ¿Por qué ha durado tanto tiempo el acueducto? ¿Cómo suponen ustedes que los romanos subieron esos grandes bloques de granito?

...Y ahora, ¡hablen ustedes!

Imagínense que están en Segovia. ¿Qué lugares visitarán? ¿Qué comerán? ¿Qué más harán?

El Patito de los Leones. La Alhambra; Granada, España.

24. La Alhambra

Aunque la granada° es el símbolo oficial de la ciudad andaluza° del mismo nombre, quizá la Alhambra sea su símbolo más conocido. La Alhambra fue el palacio de los reyes árabes, los califas. Los árabes conquistaron España en el año 711 y dominaron gran parte del país durante casi 800 años. Es natural que la influencia árabe dejó su huella° en las costumbres, el idioma, la literatura, la arquitectura y la comida de los españoles.

El 2 de enero de 1492, los Reyes Católicos° reconquistaron la última ciudad árabe en España: Granada. La belleza del lugar les impresionó tanto que mantuvieron su corte° en la Alhambra una temporada.° Consideraron que esta conquista fue su mayor logro° y, por eso, los dos están sepultados° en la capilla real° de la catedral granadina.°

La Alhambra es una serie de edificios harmónicamente situados° alrededor de una serie de estanques° y fuentes. Columnas de marfíl° sostienen arcos, por encima de los cuales se han inscrito poesía árabe. El color que predomina° es el rojizo claro,° que se llama "alhambra" en árabe. Aquí, en el Patio de los Leones, la fuente fue primero un reloj de sol. Aunque hoy día el agua sale de la boca de todos los leones a la vez, fue diseñada° para que el agua saliera de un león diferente a cada hora.

granada pomegranate
andaluza Andalusian, from or of the region of Andalusia in southern Spain
dejó su huella left its mark
los Reyes Católicos the Catholic King and Queen: Queen Isabel and King Fernando
mantuvieron su corte held their court
temporada period of time
mayor logro greatest accomplishment
sepultados buried
capilla real royal chapel
granadina of or relating to Granada
harmónicamente situados harmoniously placed
estanques ponds
marfíl marble
predomina prevails
rojizo claro light rust color
diseñada designed

Por esa época, los europeos no tenían la costumbre de bañarse frecuentemente, pero a los árabes les encantaba el agua. En la Alhambra, no sólo tenían grifos° de agua caliente y fría para sus baños, ¡sino también grifos de agua perfumada!° Por otra parte, se considera que el uso de fuentes y canales dentro de la Alhambra fue uno de los primeros sistemas de aire acondicionado.° Refrescaban los cuartos por los cuales pasaban.

grifos faucets
perfumada perfumed
aire acondicionado air conditioning

Preguntas

1. ¿Dónde está el Patio de los Leones?
2. ¿Qué es el símbolo de Granada?
3. ¿Qué es una granada?
4. ¿Quiénes eran los califas?
5. ¿Cuándo conquistaron los árabes a España?
6. ¿Por cuánto tiempo dominaron el país?
7. ¿En qué se nota la influencia árabe en España?
8. ¿Quiénes eran los Reyes Católicos?
9. ¿Cuál fue la última ciudad árabe reconquistada por los Reyes Católicos?
10. ¿Cuándo reconquistaron Granada?
11. ¿Qué otro acontecimiento importante ocurrió el mismo año?
12. ¿Por qué mantuvieron su corte los Reyes Católicos en Granada?
13. ¿Qué consideraron su mayor logro?
14. ¿Dónde están sepultados?
15. ¿Cómo se llama una persona de Granada?
16. ¿Qué es la Alhambra?
17. ¿Qué está escrito por encima de los arcos?
18. ¿Qué color predomina en la Alhambra?
19. ¿Qué significa "alhambra" en árabe?
20. Cuando primero fue diseñada, ¿para qué sirvía la fuente del Patio de los Leones?
21. Describe cómo salía el agua entonces y cómo sale hoy día.
22. En la época de los califas de Granada, ¿se bañaban los europeos frecuentemente?
23. Describe los grifos de agua que los árabes tenían.
24. ¿Quiénes tenían uno de los primeros sistemas de aire acondicionado?

Temas para discutir

1. Han visto que los árabes tenían uno de los primeros sistemas de aire acondicionado. ¿Se les ocurren otros "adelantos"° que la gente tenía hace más de 500 años? Descríbanlos.

adelantos advances

2. ¿Qué influencia de otras culturas tiene nuestro país? ¿Qué huellas ha dejado la gente de otros países que vino a nuestra ciudad? ¿Qué huellas siguen dejando los que acaban de llegar?

...Y ahora, ¡hablen ustedes!

Imagínense que han vuelto de un viaje a Granada. Quieren describir la belleza de la Alhambra a unos amigos. También quieren contarles algo de la historia árabe de España y su reconquista por los Reyes Católicos. Los amigos les harán preguntas también.

Calle típica de Cartagena, Colombia.

25. Cartagena, Colombia

Cartagena está en la costa colombiana del Caribe. Es uno de los tres puertos principales del país; Barranquilla y Santa Marta son los otros dos. Esta ciudad de unos 450,000 habitantes también es un centro comercial del país; la industria se centra en las plantas petroquímicas° y los productos químicos.

plantas petroquímicas petrochemical plants

La calle en la foto está en el barrio antiguo de la ciudad, el cual está rodeado de más de 16 millas (36 kilómetros) de murallas.° Éstas miden 40 pies (12 metros) de alto y 50 (15) de ancho. Datan° de los tiempos coloniales de Cartagena y fue necesario construirlas para proteger la ciudad de los ataques constantes de los piratas ingleses. El famoso Sir Francis Drake saqueó° la ciudad en 1586. Se la conoce como "la ciudad heroica" porque resistía esos ataques tan valientemente y, durante la Guerra de la Independencia, luchó también con coraje.°

murallas walls, ramparts
datan date
saqueó plundered
coraje courage

Entre las murallas había torres, fortalezas° y cárceles.° Estas últimas ya han sido convertidas en tiendas de artesanía, parecidas a las que ves en la foto. Además de su interés histórico, Cartagena es un gran centro turístico por estar al lado del mar.

fortalezas fortresses
cárceles jails

Preguntas

1. ¿Dónde está Cartagena?
2. ¿Cuáles son los tres puertos principales de Colombia?
3. ¿Cuántos habitantes tiene Cartagena?
4. ¿Cuántos habitantes tiene nuestra ciudad?
5. ¿Qué industrias hay en Cartagena?
6. ¿Qué industrias tiene nuestra ciudad?
7. ¿Qué rodea el barrio antiguo de Cartagena?
8. ¿Conoces alguna ciudad amurallada? ¿Cuál?
9. ¿Cuántos kilómetros de murallas hay en Cartagena?
10. ¿Cuánto miden las murallas?
11. ¿De cuándo datan?
12. ¿Cuándo se fundó nuestra ciudad?
13. ¿Por qué fue necesario construir las murallas?
14. ¿Quién saqueó Cartagena en 1586?
15. ¿Por qué se llama "la ciudad heroica"?
16. ¿Qué había entre las murallas?
17. ¿Para qué servían las torres?
18. ¿Hoy día, en qué se han convertido las antiguas cárceles?
19. ¿Qué son tiendas de artesanía?
20. ¿Por qué es Cartagena un gran centro turístico?
21. ¿Qué centros turísticos conoces?
22. ¿Qué otro interés tiene Cartagena?
23. ¿Qué interés tiene nuestra ciudad?
24. ¿Te gustaría visitar Cartagena? ¿Por qué?

Temas para discutir

1. Además de construir murallas para protegerse, ¿qué otras precauciones tomaban los ciudadanos para proteger sus antiguas ciudades? ¿Qué precauciones tomamos para protegernos?
2. La historia a menudo trata a los españoles como "los malos" por haberse llevado tanto oro y plata de sus colonias hispanas. Sin embargo, los piratas ingleses atacaban los barcos españoles y les robaban sus riquezas. ¿Les parecen las acciones de los piratas tan "malas," peores o mejores que las de los españoles? ¿Por qué?

...Y ahora, ¡hablen ustedes!

Su barrio ha montado una feria de artesanía. Se van a vender artículos hechos a mano por gente de su región. Están de visita unos colombianos. Explíquenles algo sobre la historia de su ciudad y los artículos que se van a vender. ¿Qué preguntas harán los colombianos? ¿Adónde les llevarán ustedes?

Indias cunas de las Islas de San Blas, Panamá.

26. Las Islas de San Blas

Los cunas tienen más independencia cultural y política que ninguna otra tribu indígena° de Hispanoamérica. Hay aproximadamente 25,000 indios cunas, y éstos viven en 40 de las 365 Islas de San Blas. Éstas son un territorio de Panamá; se encuentran por la costa del norte, en el Mar Caribe.° En cada isla de los cunas los hombres se reunen° periódicamente bajo la dirección de un jefe para tomar decisiones. También hay un congreso de jefes que se reune cuando hace falta.

Hasta hace poco el pueblo° cuna tomaba muchas precauciones para guardar la pureza de su raza.° Por ejemplo, estaba prohibido a los forasteros° quedarse en las islas después de la puesta del sol. Ahora eso ha cambiado y los mismos cunas han inaugurado hoteles para los turistas.

Muchas mujeres de estas islas todavía se visten con la ropa tradicional, como ves en la foto. Unas cuantas° se pintan una raya negra de la frente a la punta de la nariz, donde colocan° un anillo de oro.° También llevan cuentas° alrededor de los brazos y los tobillos, y collares pesados de monedas o metal forjado.° Se visten con faldas largas y cubren la cabeza con un pañuelo, generalmente rojo y amarillo.

indígena native
Mar Caribe Caribbean Sea
se reunen meet
pueblo people
raza race
forasteros outsiders
unas cuantas a few
colocan they put
anillo de oro gold ring
cuentas beads
metal forjado hammered metal

Sus blusas, que se llaman "molas" en su propio idioma, son muy bonitas y a menudo° los diseños son de una gran complejidad.° Además de figuras geométricas,° las molas muestran escenas de la antigua mitología° de los cunas y escenas de hoy día que incluyen animales y pájaros. Las mujeres de las Islas de San Blas ya les venden sus molas a los turistas. Esto y el comercio que hacen con los cocos° son las dos fuentes° más importantes de su economía.

a menudo often
complejidad complexity
geométricas geometric
mitología mythology

cocos coconuts
fuentes sources

Preguntas

1. ¿Quiénes son los cunas?
2. ¿Dónde viven?
3. ¿Dónde están las Islas de San Blas?
4. ¿Qué tribu hispanoamericana tiene más independencia cultural y política?
5. ¿Qué quiere decir "indígena"?
6. ¿Cuántas Islas de San Blas hay?
7. ¿En cuántas de estas islas viven los cunas?
8. ¿Son estas islas un estado o un territorio de Panamá?
9. ¿Cuántos jefes hay en cada isla?
10. ¿Quiénes hacen las decisiones de las islas?
11. ¿Cuándo se reune el congreso de jefes?
12. Hasta hace poco, ¿qué es lo que no podían hacer los forasteros en las Islas de San Blas?
13. ¿Qué han inaugurado ahora los cunas?
14. ¿Visten todas las mujeres cunas con la ropa tradicional?
15. ¿Qué pintan de la frente a la punta de la nariz?
16. ¿Dónde colocan un anillo de oro?
17. ¿Dónde llevan cuentas?
18. ¿De qué son sus collares?
19. ¿Cómo son sus faldas?
20. ¿Con qué se cubren la cabeza?
21. ¿De qué color son los pañuelos?
22. ¿Qué es una "mola"?
23. ¿De qué son los diseños de las molas?
24. ¿Cuáles son dos fuentes importantes de la economía cuna?

Temas para discutir

1. ¿Por qué guardarán la pureza de su raza los cunas?
2. ¿Deben seguir los cunas sus costumbres tradicionales, o deben integrarse más con° el siglo viente?

integrarse más con become more a part of

...Y ahora, ¡hablen ustedes!

Algunos alumnos pueden ser turistas que están visitando las Islas de San Blas. Otros alumnos pueden ser indígenas de estas islas. ¿Qué preguntas se harían? ¿Cómo describirían sus respectivos° países? ¿Cómo describirían su forma de vestir? ¿su manera de ganar dinero? ¿su gobierno?

respectivos respective

Vocabulario

Español-Inglés

(In this Vocabulary, Spanish nouns ending in *-o* are masculine, while those ending in *-a* are feminine, unless otherwise noted.)

A

a to
abrigo coat
abundante abundant
abundar to abound
acción (*f.*) action
acontecimiento event
actual present, current
además besides
administrar to administrate
adulto, a adult (*adj.*); adult (*noun*)
africano, -a African (*adj.*); African (*noun*)
agosto August
agradable pleasant
agrícola agricultural, farm (*adj.*)
agricultura agriculture
agua water
  masa de agua body of water
aguantar to stand, to bear
ahora now
(al) aire libre outdoors; open air
alegría joy, happiness
algo something
alguien someone
algún, -o, -a, -os, -as some
almacén (*m.*) department store
alquilar to rent
alrededor (de) around
alrededores (*m. pl.*) outskirts
altitud (*f.*) altitude
alto, -a tall; high; upper
alumno student
allí there
amarillo, -a yellow
ambos, -as both
América America
americano, -a American (*adj.*); American (*noun*)
amigo friend
amo master
amurallado, -a walled
anciana elderly lady
ancho, -a wide
animal (*m.*) animal
animar to encourage
aniversario anniversary
antepasado ancestor
antes before
antiguo, -a old, ancient
año year
apartamento apartment
aprender (a) to learn (how to)
aproximadamente approximately
aquel, aquella that
aquí here
árabe Arab (*adj.*); Arab (*noun, m.* and *f.*)
árbol (*m.*) tree
arco arch
archipiélago archipelago
aristócrata (*m.* and *f.*) aristocrat
arquitecto architect
arquitectura architecture
arroyo stream
arte (*m.*) art
artesano artisan
artículo article
artifacto artifact
artista (*m.* and *f.*) artist
así so, in this way
astronauta (*m.* and *f.*) astronaut
astrónomo astronomer

atacar to attack
ataque (*m.*) attack
Atlántico Atlantic
aunque although
autónomo autonomous
avenida avenue
avión (*m.*) airplane
azteca Aztec (*adj.*); Aztec (*noun, m.* and *f.*)
azúcar (*m.*) sugar
  caña de azúcar sugarcane

B

baile (*m.*) dance
bajar to go down
bajo, -a short, low
balcón (*m.*) balcony
banda band
bañarse to bathe
barato, -a cheap
barco boat
barrio neighborhood
bebida drink
béisbol (*m.*) baseball
belleza beauty
bello, -a beautiful
biblioteca library
bien well
blanco, -a white
blusa blouse
boca mouth
bonito, -a pretty
(a) bordo on board
bota boot
breve brief
bucear to snorkel
buceo snorkeling
bueno, -a good
buscar to look for

C

caballero gentleman
caballo horse
cabeza head
cabra goat
cacao cacao
café (*m.*) coffee; cafeteria
cafetería cafeteria
caliente hot, warm
califa (*m.*) caliph
calle (*f.*) street
cámara camera
cambiar to change
caminar to walk
camino road
camisa shirt
campana bell
campo country
canadiense Canadian (*adj.*); Canadian (*noun, m.* and *f.*)
canal (*m.*) canal
cantar to sing
capital (*f.*) capital
capitán (*m.*) captain
cárcel (*f.*) jail
cargar to load; to carry
Caribe (*m.*) Caribbean
caro, -a expensive
carro cart; car
casa house, home
casi almost
castillo castle
catedral (*m.*) cathedral
celebrar to celebrate; to take place
cenar to have dinner
centro center
cerámica ceramics
cerca nearby
  cerca de near, close to
cielo sky
cien one-hundred
ciencias (*f. pl.*) science
cierto, -a certain
cinturón (*m.*) belt
ciudad (*f.*) city
ciudadano citizen
civilización (*f.*) civilization
clase (*f.*) class, kind
cliente (*m.* and *f.*) customer, client
clima (*m.*) climate
cobrar to charge
coche (*m.*) car
colocar to place, to put
colonia colony
colonial colonial
color (*m.*) color
columna column
collar (*m.*) necklace
comenzar to begin, to start
comer to eat
comercial commercial
comerciar to trade
comercio trade
comida lunch, meal; food
comienzo beginning
como as
¿cómo? how?
compañero companion, friend
comparar to compare
competencia competition
completo, -a complete
componer to compose, to make up
comprar to buy
común common
comunicarse to communicate
con with
concierto concert
conocer to know
conocimiento knowledge, skill
conquistar to conquer
conseguir to obtain, to get
conservación (*f.*) conservation
conservar to save
considerar to consider
constante constant
construcción (*f.*) construction, building
construir to build, to construct
(al) contado in cash
contar to tell; to count
contestar to answer
contigo with you (*familiar*)
continuar to continue
contribuir to contribute
controlar to control
convencer to convince
conversación (*f.*) conversation
convertido (en) changed (into)
corazón (*m.*) heart
cordero lamb
cortar to cut
corte (*m.*) cut
corral (*m.*) enclosure, pen (*for animals*)
correr to run
corriente common
cosecha crop, harvest
cosechar to harvest
costa coast
costarricense Costa Rican (*adj.*); Costa Rican (*noun, m.* and *f.*)
costumbre (*f.*) custom
crédito credit

creer to believe
criar to breed
Cristóbal Colón Christopher Columbus
cruzar to cross
cual which
cualquier, -a any, anyone
cuando when
¿cuánto?, -a, -os, -as how much? how many?
cuarto room
cuatrocientos, -as four-hundred
cubierto, -a covered
cubrir to cover
cultura culture
cuyo, -a, -os, -as whose

D

daño damage, injury
  hacer daño to hurt
dar to give
  dar paseos to take walks
  darse cuenta to realize
de of, from; than (*after* "más" *with numbers*)
deber should, ought to
decidir to decide
decir to say
decisión (*f.*) decision
declarar to declare
decorar to decorate
dedicado, -a dedicated
dedicarse to dedicate oneself
dejar to leave, to let go
delante (de) ahead; in front of
demasiado, -a, -os, -as too, too much, too many
dentro de inside
dependiente (*m.*) salesperson
deporte (*m.*) sport
derecho, -a right
desarrollar to develop
descanso rest
descendiente (*m.* and *f.*) descendant
describir to describe
descubierto, -a discovered
descubridor (*m.*) discoverer
descubrimiento discovery
descubrir to discover
desde from, since
desfile (*m.*) parade
despertarse to wake up
después de after
destacar to stand out, to excel
detalle (*m.*) detail
devolver to return
día (*m.*) day
  (al) día a day
dieciocho eighteen
dieta diet
diez ten
diferencia difference
dinero money
diploma (*m.*) diploma
discutir to discuss
disfrutar (de) to enjoy
distancia distance
divertirse to have fun
dominar to dominate
domingo Sunday
donde where
dormir to sleep
dos two
dragón (*m.*) dragon
dueño owner
durante during
durar to last

E

e and (*before words beginning with* "i" or "hi")
echar de menos to miss
economía economy
edad (*f.*) age
edificio building
ejemplo example
ejercicio exercise
el (*m. sing.*) the
empezar to begin, to start
en in, on
encantado, -a enchanted; pleased
encantar to delight, to charm, to like very much
encerrar to enclose
encima de on top of
encontrar to find
enorme enormous
enseñar to teach
entero, -a entire, whole
entonces then
entre among, between
equipaje (*m.*) baggage, equipment
esa, ese that
esas, esos those
escena scene
esconder to hide
escribir to write
escuchar to listen to
escuela school
  escuela secundaria high school
espacio space
España Spain
español, -a Spanish (*adj.*); Spaniard (*noun*)
especial special
espectáculo spectacle
esquí (*m.*) skiing; ski
esquiador, -a skier
esquiar to ski
esta, este this
establecer to establish
estación (*f.*) season
Estados Unidos (*m. pl.*) United States
estadounidense of *or* pertaining to the U.S.A. (*adj.*); American (*noun, m.* and *f.*)
estar to be
estas, estos these
estatua statue
este east
estrella star
estructura structure
estudiante (*m.* and *f.*) student
estudiar to study
estudios (*m. pl.*) studies
Etiopía Ethiopia
europeo, -a European (*adj.*); European (*noun*)
evitar to avoid
examinar to look at closely, to examine
exhibición (*f.*) exhibit
exhibir to exhibit
experto, -a expert (*adj.*); expert (*noun*)
explicar to explain
explorar to explore
exportación (*f.*) export, exportation
exportar to export
extender to extend

extranjero, -a foreign (*adj.*); foreigner (*noun*)

F

falda skirt
familia family
famoso, -a famous
favorito, -a favorite
fértil fertile
fiesta holiday, party
figura figure
figurar to figure
final (*m.*) end
(a) fines de toward the end of
físico, -a physical
flor (*f.*) flower
formar to form
foto (*f.*) photo
Francia France
frecuentemente frequently
frente (*f.*) forehead
frío, -a cold
fruta fruit
fuente (*f.*) fountain
funcionar to work
fundar to found

G

ganar to earn, to gain
gastar to spend; to waste
gatito kitten
generación (*f.*) generation
general general
generalmente generally
gente (*f.*) people
geométrico, -a geometric
gobierno government
golf (*m.*) golf
golpe (*m.*) blow
góndola gondola
gran great
grande big, large
grano grain
grito shout
grupo group
guardar to keep; to guard
guerra war
guía (*m.* and *f.*) guide
guitarra guitar
gustar to please

H

haber to have (*auxiliary*)
habitado, -a inhabited
habitante (*m.* and *f.*) inhabitant
habitar to inhabit
(de) habla española Spanish-speaking
hablar to speak
hacer to do; to make
  hacer calor to be hot
  hacer compras to shop
  hacer frío to be cold
  hacer un viaje to take a trip
hacia toward
hasta until, to, up to; even
hay there is, there are
hay que one has to, one must
hermana sister
hermano brother
heroico, -a heroic
hispano, -a Hispanic (*adj.*); Hispanic (*noun*)
Hispanoamérica Spanish America
historia history
histórico, -a historical
hoja leaf
hombre (*m.*) man
honor (*m.*) honor
hora hour
horario schedule
hotel (*m.*) hotel

I

idea idea
ideal ideal (*adj.*); ideal (*noun, m.*)
identificar to identify
idioma (*m.*) language
iglesia church
igual same
imaginario, -a imaginary
imaginarse to imagine, to suppose
imperio empire
imponer to impose
importancia importance
importante important
importar to import
impresionar to impress
inaugurar to open up, to inaugurate
inca Inca (*noun, m.* and *f.*)
incluir to include
incluso even, including
independencia independence
indicar to indicate
indio, -a Indian (*adj.*); Indian (*noun*)
industria industry
industrial industrial
influencia influence
inglés, inglesa English (*adj.*); Englishman, Englishwoman (*noun*)
inscrito, -a inscribed
instituto institute
intercambiar to exchange
interés (*m.*) interest
interesante interesting
interesarse (por) to be interested (in)
interior (*m.*) interior, inside
internacional international
íntimo, -a intimate, close
introducir to introduce
inventar to invent
invierno winter
ir to go
isla island
italiano, -a Italian (*adj.*); Italian (*noun, m.* and *f.*)

J

jamás never
jardín (*m.*) garden
jefe (*m.*) chief
joven young (*adj.*); young man, young woman (*noun, m.* and *f.*)
joyería jewelry
juego game
jugar to play (*a game*)
julio July
junio June
junto a along with

K

kilómetro kilometer
kilogramo kilogram

L

la (*f. sing.*) the; her, it
lado side
lago lake
largo, -a long
las (*f. pl.*) the; them
lavar to wash
le (*sing.*) to him, to her, to you
leer to read
lejos far
león (*m.*) lion
les (*m.* and *f. pl.*) to them, to you
letra letter (*of alphabet*)
leyenda legend
liberarse to free oneself
libertad (*f.*) freedom
libra pound
línea line
literatura literature
lo (*m. sing.*) him, it
lo que what
lógico, -a logical
los (*m. pl.*) the; them
los que the ones who, those who
luchar to fight
luego later
lugar (*m.*) place
luna moon

LL

llamar to call
  llamarse to be called
llegar to arrive
llevar to carry, to bear

M

maíz (*m.*) corn
madera wood
madrileño, -a of *or* pertaining to Madrid (*adj.*); person from Madrid (*noun*)
mandar to send; to order
mando order, command
mano (*f.*) hand
  (a) mano by hand
manso, -a tame
manta blanket
mañana morning; tomorrow
máquina machine; camera
mar (*m.*) sea
maravilla marvel
más more
matar to kill
material material (*adj.*); material (*noun*)
mayor (*m.*) greater, larger; older
mayoría majority
medianoche (*f.*) midnight
medicina medicine
medio, -a half (*adj.*); half (*noun, m.*)
medir to measure
Mediterráneo Mediterranean
mejor better, best
menos less, fewer
mensaje (*m.*) message
mercado market
merienda afternoon snack
mes (*m.*) month
metro meter
metropolitano, -a metropolitan
mexicano, -a Mexican (*adj.*); Mexican (*noun*)
miembro member
mientras while
mil thousand
milla mile
millón (*m.*) million
minuto minute
mirar to look at
mismo, -a same
modelo model
moneda coin
monstruo monster
montaña mountain
montar to set up
  montar a caballo to ride a horse
monumento monument
mostrar to show
motivo motive
  con motivo a on the occasion of
motor (*m.*) motor
moverse to move
mozo young man, youth
mucho, -a much
muchos, -as many
mujer (*f.*) woman
mundo world
muralla wall
museo museum
muy very

N

nacer to be born
nacional national
nadar to swim
nadie no one
nariz (*f.*) nose
naturaleza nature
naturalista (*m.* and *f.*) naturalist
navegación (*f.*) sailing
navegar to sail, to navigate
Navidad (*f.*) Christmas
necesario, -a necessary
necesitar to need
negarse to refuse
negocio business
nevar to snow
nieve (*f.*) snow
niña girl
niño child; boy
no no, not
noche (*f.*) night
nombrar to name
nombre (*m.*) name
nordeste northeast
noroeste northwest
norte north
Norteamérica North America
norteamericano, -a North American (*adj.*); American (*noun*)
notar to note
nuestro, -a our
nueve nine
nuevo, -a new
número number
numeroso, -a numerous
nunca never

O

oasis (*m.*) oasis

objeto object
obra work
observar to observe
océano ocean
ocurrir to occur, to happen
ocho eight
oeste west
oficial official
oficina office
ofrecer to offer
oír to hear
olvidar to forget
once eleven
opinión (*f.*) opinion
oponer(se) to oppose
oportunidad (*f.*) opportunity
organización (*f.*) organization
origen (*m.*) origin
original original
originar to originate
oro gold
otro, -a another, other
oveja sheep

P

Pacífico Pacific
pagar to pay
país country
paisaje (*m.*) scenery
pájaro bird
palabra word
palacio palace
pantalones (*m. pl.*) pants
pañuelo scarf; handkerchief
par (de) pair, couple (of)
para for; in order to
parecer to seem
parecido, -a similar
parque (*m.*) park
parte (*f.*) part
participante (*m.* and *f.*) participant
participar to participate, to take part
pasar to pass, to spend (*time*)
pasatiempo pastime
pasear to walk, to take a walk
paseo walk
pastor (*m.*) shepherd
pato duck
patrón (*m.*) patron
pavo turkey
pedestal (*m.*) pedestal, stand
peligroso, -a dangerous
pensar to think
pensión (*f.*) boarding house
pequeño, -a small
pérdida loss
perfectamente perfectly
permitir to allow, to permit
pero but
persona person
pertenecer to belong
pesado, -a heavy
pesar to weigh
pesca fishing
pescar to fish
peso weight
petróleo petroleum
pez (*m.*), **peces** (*pl.*) fish
pie (*m.*) foot
  (a) pie on foot
piedra stone
pintar to paint
pirámide (*f.*) pyramid
pirata (*m.*) pirate
plan (*m.*) plan
planchar to iron
plata silver
plátano banana
plato plate, dish
playa beach
plaza town square
población (*f.*) population
poco, -a little
pocos, -as few
poder to be able, can
poesía poetry
política politics
popular popular
por for, by, along
porcentaje (*m.*) percentage
por ciento percent
por lo tanto therefore
¿por qué? why?
porque because
portugués, portuguesa Portuguese (*adj.*); Portuguese (*noun, m.* and *f.*)
posar to pose
prácticamente practically
practicar to practice
práctico, -a practical
precaución (*f.*) precaution
preferir to prefer
preparar to prepare
primavera spring
primero, -a first
primitivo, -a primitive
principal main
principios (*m. pl.*) beginning
prisa hurry
  (de) prisa in a hurry
producto product
prohibido, -a forbidden
prohibir to forbid, to prohibit
propio, -a own
protector, -a protective
proteger to protect
provincia province
público, -a public
pueblo town
puerto port
puertorriqueño, -a Puerto Rican (*adj.*); Puerto Rican (*noun*)
puesta de sol sunset
puesto stand
punto tip
  (en) punto on the dot (*with time*)

Q

que that; than
¿qué? what
  ¿qué tal? what's new? what's up?; how are you? (*familiar*)
quechua Quechua (*adj.*); Quechua (*noun, m.* and *f.*)
quedar(se) to stay, to remain
quemar to burn
querer to want
químico, -a chemical
quizá perhaps

R

raya line
reacción (*f.*) reaction
(en) realidad really
recibir to receive
refrescar to refresh

refugio refuge, shelter
regalo gift
región (*f.*) region
reloj (*m.*) watch, clock
remar to row
repetir to repeat
representado, -a represented
representar to represent
república republic
requerer to require
residente (*m.* and *f.*) resident
resistir to resist
restaurante (*m.*) restaurant
reunir(se) to reunite, to gather
rey (*m.*) king
  Reyes Católicos Catholic Monarchs, *i.e.*, Isabel and Fernando, who reigned during the time of Christopher Columbus
rincón (*m.*) corner
río river
riqueza wealth
robar to rob
rodear to surround
rojo, -a red
romano, -a Roman
ropa clothes
ruina ruin

S

sábado Saturday
saber to know
sacar to take out
  sacar fotos to take photos
sagrado, -a holy, sacred
salir to leave
saludarse to greet one another
salvaje wild
sano, -a healthy
santo, -a saint
secundario, -a secondary
según according to
segundo, -a second
seis six
semana week
  fin (*m.*) **de semana** weekend
sembrar to plant, to sow
semejanza similarity
sentado, -a seated
sentido way; sense
señor (*m.*) man, gentleman, Mr., sir
señora lady, Mrs., ma'am
septiembre (*m.*) September
ser to be
ser (*m.*) being (*noun*)
serie (*f.*) series
serio, -a serious
servir to serve
si if
sí yes
siempre always
siete seven
siglo century
significar to mean, to signify
siguiente following
simbolizar to symbolize
símbolo symbol
sin without
  sin embargo nevertheless
singular singular; unique
sino but
sistema (*m.*) system
sitio place
situado, -a situated, located
sobre on top of; about
sociedad (*f.*) society; association
sol (*m.*) sun
soler to be used to, to be in the habit of
sólo only
sombrero hat
sorprendente surprising
sostener to hold up
su, sus his, her, its, your (*formal*), their
subir to go up
submarino, -a underwater
Sudamérica South America
sudamericano, -a South American
suelo ground
sufrir to suffer
suponer to suppose
sur south

T

taíno Taino
tal vez perhaps
tamaño size
también also, too
tan so
tanto, -a, -os, -as so much, so many
tardar to take (time)
tarde afternoon; late
tarjeta card
  tarjeta de crédito credit card
taxi (*m.*) taxi
te you (*object prn., familiar*)
teatro theater
tecnología technology
tejer to weave
tela cloth, material
tema (*m.*) topic, theme
temperatura temperature
tener to have
  tener en cuenta to keep in mind
  tener éxito to be successful
  tener miedo to be afraid
  tener que to have to
tenis (*m.*) tennis
terminar to end
territorio territory
tesoro treasure
testimonio testimony
textil of *or* pertaining to cloth (*adj.*); textile (*noun*)
tiempo time
tienda store, shop
tierra land
típico, -a typical
tipo type
tirar to pull
tobillo ankle
tocar to play (*an instrument*); to ring
todavía still
todo, -a all
tomar to take, to have, to eat, to drink
torear to bullfight
torre (*f.*) tower
trabajador, -a hardworking
tradición (*f.*) tradition
tradicional traditional
traer to bring
tráfico traffic
traje (*m.*) suit
tranquilamente peacefully
tranquilo, -a tranquil, peaceful
transportar to transport
tratar to treat
  tratarse con to deal with

tren (*m.*) train
tres three
tribu (*f.*) tribe
triste sad
tropical tropical
tu your (*familiar*)
tú you (*familiar*)
turco, -a Turkish (*adj.*); Turk (*noun, m.* and *f.*)
turista (*m.* and *f.*) tourist
turístico, -a tourist (*adj.*)

U

último, -a last
un (*m.*) one, a
una (*f.*) one, a
único, -a only
universidad (*f.*) university
universitario, -a university student
uno one
unos, -as some
usar to use; to wear
uso use
usted, -es you (*formal*)
útil useful

V

vaca cow
vacaciones (*f. pl.*) vacation
valenciano, -a of *or* from Valencia (*adj.*); a person from Valencia (*noun*)
valientemente bravely
variedad (*f.*) variety
varios, -as several
vecino, -a neighbor
vegetal (*m.*) vegetable
veinte twenty
vela sail
vendedor, -a vendor, salesperson
vender to sell
venir to come
ventaja advantage
ventana window
ver to see
verano summer
verde green
vestido dress
vestir(se) to dress, to get dressed
vez (*f.*), **veces** (*pl.*) time(s)
  (a) veces sometimes
  (en) vez de instead of
viajar to travel
viaje (*m.*) trip
vida life
viejo, -a old
vino wine
visitante (*m.* and *f.*) visitor
visitar to visit
vital vital, necessary
vivir to live
volver to return

Y

y and
ya already
yate (*m.*) yacht

Z

zapatillas slippers
zapato shoe
zona zone, area

Photo Credits

Ministerio de Información y Turismo, Spain for photographs in Chapters 1, 5, 9, 10, 14, 15, 16, 17, 18, 21.

Kenneth Overholt for a photograph in Chapter 1.

Kessler for photographs in Chapters 1, 7, 12, 25.

Mexico Ministry of Tourism for a photograph in Chapter 1.

Commonwealth of Puerto Rico Tourism Company for the photographs in Chapters 2, 8.

F. Catalá Roca, Barcelona for the photograph in Chapter 3.

American Airlines for the photographs in Chapters 4, 19, 22.

Embassy of Spain, Washington, D.C. for the photograph in Chapter 6.

Braniff International for the photograph in Chapter 11.

Instituto Costarricense de Turismo for the photograph in Chapter 13.

Mexicana Airlines for the photograph in Chapter 20.

Pablo Teresa, Madrid for the photograph in Chapter 23.

Josip Ciganovic, Rome for the photograph in Chapter 24.

Wesley Associates, Colton Division for the photograph in Chapter 26.

For further information or a current catalog, write:
National Textbook Company
4255 West Touhy Avenue
Lincolnwood, Illinois 60646-1975 U.S.A.